「今はまだ小さな会社」が進化するための101の手がかり

株式会社ブレーメン再健本舗代表取締役
大西　肇

合同フォレスト

はじめに

経営には、どんな会社にも当てはまる方程式もナビゲーションシステムも存在しません。

もしそんな方程式があれば、どんな困難でも乗り越えることができますし、道案内のシステムがあれば「ロマン」という目的地さえ入力すれば、いくつかの適したルートと到着時間と必要とする経営資源（ヒト・モノ・カネ）を表示してくれるでしょう。

しかし、実際の経営は方程式に挿入しきれないほど多くの変数に溢れ、ナビシステムに入力する以前に、乗ろうとする車（会社）の状態はもちろん現在地すら分かりません。

私は皆さまに、次のことをお尋ねしたいと思います。

「時代と社会」の中で、あなたの会社の現在地はどこですか？

「お客さま」という目的地まで、必要とする「情報」は十分揃っていますか？

「針路（戦略）」は、ムダな戦いと回り道を略していますか？

「想い（ロマン）」という燃料は、十分満たされていますか？

「仲間（従業員）」という同乗者は、これからの旅にワクワクしていますか？

「コミュニケーション」という潤滑油は、チーム（組織）全体に行き渡っていますか？

「覚悟」は、不測の事態に陥っても揺らぐことはありませんか？

そしてなによりも、「お客さま」は、目的地で皆さまの到着を待っていただいていますか？


私たちは、毎日刻々と変化する社会という地図を見つめながら、注意深く現在地から目的地までの針路を確かめ、同乗者である従業員の皆さまと共に、道に迷いながらも強い信念を頼りに数々の決断を行い、会社という車を運転しています。

そのエネルギーは、ひたすら「大義あるロマン」という目標に到達したいと願う「想い」と、自分が立てた約束を守るという「決意」です。

そもそも、会社経営とは「お客さま」という目的地に向かう道のりの中で、「お客さまと商品が出合う現場」の事実へのケース・スタディと素早い決断と行動の積み重ねです。

お客さまは誰一人として同じ人生を歩んできていません。そして、その生活の中での望みも異なります。多くの専門家やマスコミ、そして官僚の方々はお客さまを「消費者・大衆・ユーザー」などと十羽一からげで表現しますが、そのような認識では、いつしか、一人ひとりの生活者としてのお客さまの本当の顔（目的地）を見失うに違いありません。

世界に先駆けて人口減少・超高齢社会が加速し、前例が通用しないほどお客さまの生活が大きく変化している今、お客さまの顔（困っていること・期待していること）を見失えば、どのような会社でも「市場」から退場することになります。会社ごとに叶えたい「ロマン」、それを実現するという「約束」、持っている「経営資源」も異なり、すべての会社に通用する方程式やお客さまへの近道はありません。

私の企業人生を振り返っての大きな後悔は、無用な知識と情報の混乱による時間のムダでした。担った責任と自分の能力の大きなギャップに「飢餓感（ハングリーさ）」を感じ、夢中で学んださまざまな専門知識は、決して会社経営の近道を教えてはくれませんでした。

むしろ、手段と方法に囚われ、「物事の本質」を見失い、道に迷うことのほうがはるかに多かったように思います。

「今はまだ小さな会社」は、大きな会社に比べて全ての経営資源が足りません。しかし、唯一「時間」という財産だけは誰にでも公平に与えられ、蓄えることも再生することもできませんが、その使い方次第で会社経営の全てが変わります。

この本の中で、「ゼロ」を「∞（無限）」に換えた冒険者たちをご紹介していますが、彼らの1日が48時間あったのでありません。短い生涯の中で、小さかった会社の経営資源を素早い決断により数倍のスピードで回転させ、自分自身が立てた「約束」を実現するために「特異と得意」に集中し、お客さまの生活と世界まで変えました。「選択と集中」という経営戦略がありますが、「選択」の本質は時間の配分であり、「集中」の本質は時間の密度と重量です。「今はまだ小さな会社」の勉強熱心な経営者の皆さまほど、すでに過去の「常識」となった「方法論」や誰かの意図を含んだ「情報」に惑わされがちです。

この本を書きたいと決意したのは、すべての経営資源の源となる、限りある皆さまの「時間」を創造的に数倍にも活かし、知識を知恵に、知恵を原則に換え「特異と得意」を極めていただくことにあります。

時代を超えても変わらない、お客さまと会社に働く人々の心の本質（行動原理）を見つめ、「見たり、聞いたり、失敗したり」しながら、決して諦めることなく、いつも自分自身の頭で考え、それを活かす独自の方程式を創り上げていただくことが本当の近道であることをお伝えします。

道に迷った者だけが、本当の近道を見つけることができます。

目次

第2章　回り道を選び「ゼロ」を「∞（無限）」に換えた冒険者たち
〈冒険者たちの軌跡から「進化の本質」をつかむ〉

I　サム・ウォルトン：ウォルマート・ストアーズ創業者……81

II　豊田喜一郎：トヨタ自動車創業者……89

Ⅲ　スティーブ・ジョブズ：アップル創業者……98

第3章　毎日、自分と会社に問いかける2つの質問

Ⅰ　お客さまは誰？　何に困り、何に期待しているのか？……114

Ⅱ　お客さまのために何ができるのか？〈進化の本質とは〉……124

第４章　今はまだ小さな会社が進化するための「6つの本質」

Ⅰ　経営の本質……134

Ⅱ お客さま（生活者）の本質

V

組織の本質……212

Ⅵ 経営者の本質……228

〈愛する会社に無限のいのちを〉……239

第1章

常識に囚われず、生の情報を活かし、時間という財産を使い切る

Ⅰ　時間がすべての経営資源を支配する

世の中とは本当に不公平なものです。資産家の家に「銀のスプーン」をくわえて生まれた人、人並み以上の容姿を持って生まれた人、「天は二物を与えず」と言いますが、その言葉が虚しく聞こえるほど有り余るほどの才能や財産に恵まれた人たちがいます。

しかし、一人ひとりに与えられた時間は誰でも公平です。そして現代という情報社会の中では必要とする情報を整理し、素早い判断で経営のスピードを上げることができるという点では「銀のスプーン」は存在しません。

大きな会社に比べて、ヒト・モノ・カネという経営資源が足りないと嘆く前に、社会の前提条件（常識）がすべて変わろうとしている今が何も持たない「今はまだ小さな会社」のチャンスです。公平な財産である「時間と情報」をムダなく大きな会社の2倍にも3倍にも活かし、「**決意という自分との約束**」を果たしていただきたいと思います。

大切な「時間」という財産のムダ使いの原因は3つあります。

①社会や時代という前提条件が変わっても変わらない、**既得権化した「常識」に囚われて**

いる時間

②整理（棄てる）・整頓（体系づける）ができず、**誰かの意図による付加価値を生まないムダな「情報」に囚われている時間**

③「物事の全体と本質」を見抜くことなく、**枝葉末節に囚われている時間**

私たちの「今はまだ小さな会社」は身軽です。誰かの意図によるものではなく、本当に正しく価値のある情報だけを選び抜き、「物事の本質」を見抜くことでムダな時間をなくすことができます。常日頃から広い関心領域をもち、必要とする情報によって「決意とする目標」を考え抜き、「自分の頭で考える仲間」と共有することで、ネズミのように速い鼓動を持ち、意思決定と実践を数倍速くできます。

「今はまだ小さな会社」の**最大の武器は、「活きた情報」による判断と行動のスピードです。**正しく整理された「生の情報」は意思決定のスピードと正確性を高め、ヒト・モノ・カネという経営資源をムダなく、高回転で活かすことにつながります。

私は、企業の経営状況を把握する時、まず「使用総資本交叉比率」という指標から分析を始めます。

使用総資本交叉比率＝総資本回転率×総資本営業利益率

そして次に、総資本の内訳と営業利益が生まれる過程の中から、ヒト・モノ・カネのムダを洗い出し、今日と明日に付加価値を生まない経営資源のムダを徹底的に排除します。

経営力とは、いかに少ない資本を高回転で使い、明日のために1円でも多く準備のための資金を生み出すことができるかです。

以下に、「今はまだ小さな会社」が進化するための101の手がかりを、順を追って説明いたします。

【1】道に迷った者だけが本当の近道を見つける

夜、舟で海に出て方角を見失ったとき、北の空に輝く北極星に気がつきます。

第2章で3名のリーダーを紹介していますが、彼らが進んだ道は、決して平たんではありませんでした。

むしろ道に迷い、悩み苦しみ、回り道をしながらも決して諦めることなく成功への道（原則）を見いだしました。**まるで諦めの悪いことが成功の条件のようです。**

ウォルマート・ストアーズ創業者サム・ウォルトンは、27歳で開業した店舗の賃貸借契約で致命的な失敗をしましたが、決して諦めることなく小売業経営のすべてを先進企業の優れた取り組みから学び自らの原則に作り変え、田舎商売による「家計シェア」という原則（近道）を見つけました。

トヨタ自動車創業者豊田喜一郎は、好況だからと安易に雇用した従業員を、不況だからと解雇せざるを得なくなった失敗の中から、人の潜在能力を極限まで引き出すことが「人間を尊重する原則」であることに気づき、「適時・適品・適量」「カイゼン」という人のもつ可能性を信頼するトヨタ生産方式を作り上げました。

アップル創業者スティーブ・ジョブズは、1976年自宅で起業したアップル社を、シリコンバレーを代表する企業にまで育てるというサクセスストーリーを築いたわずか5年後、新製品の販売予測ミスによる過剰在庫が原因で、愛する会社から追放されました。

その後CGアニメの制作、コンピュータOS開発という経験を踏まえ、アップルに復帰を果たし、製品に関わるすべての責任を持ちながら工場と在庫を持たない企業に作り変えました。

「急がば回れ」という手加減を許すような言葉を申し上げるつもりはありません。

道に迷い、回り道に惑い悩み、失敗にあえいだことで、「物事の本質」に気づき、そこから導き出した原則が、「ロマン」への近道になったことをご紹介しています。

【2】時間の価値を知る者だけが「進化の手がかり」をつかむ

（1）時間は長さより「密度と重さ」

人間の平均寿命は、医学の進歩、栄養の改善で時代とともに長くなり、日本は世界一の長寿国ですが、人口減少・超高齢社会における国家や会社存続のモデルを示せるか、世界中から注目されています。

明治時代に生きた人々は、現代に生きる私たちの半分の

■日本の各時代の平均寿命と人口

	平均寿命（歳）		人口（万人）
	男　性	女　性	
明治１３年（１８８０年）	36	38	3,500
大正１４年（１９２５年）	42.1	43.2	5,600
昭和２２年（１９４７年）	50.1	54.0	7,800
昭和４６年（１９７１年）	70.2	75.6	10,400
平成２８年（２０１６年）	81.0	87.1	12,600

寿命で、つまり2倍のスピードで近代日本を創り上げました。第二次大戦を生き抜いた人々は、私たちの1・5倍のスピードで、焦土の中から「通商・技術立国日本」を創り上げました。

ちなみに、戦国武将の満での没年齢は、織田信長47歳、上杉謙信48歳、武田信玄51歳、豊臣秀吉61歳、徳川家康73歳でした。

明治維新のリーダーでは、坂本龍馬31歳、木戸孝允43歳、大久保利通47歳、西郷隆盛49歳、児玉源太郎54歳、伊藤博文68歳です。

後述する「ゼロ」を「∞無限」に変えた冒険者たちは、サム・ウォルトン74歳、豊田喜一郎57歳、スティーブ・ジョブズ56歳でした。

憧れるほど密度の濃い、そして重い人生です。

(2) 時間はまとめる、集中する

付加価値を生まない時間や経営資源を、「ムダ」といいます。果たして一日のうち、ムダなく使っている時間は、どれほどあるでしょうか。

経営者は「ロマン」という「決意」を実現するために、たくさんの課題を抱えて会社を経営しています。日々のお客さまからの要望、資金繰りや支払い、品質の維持改善、働きがいのある職場作り、地域のネットワークなど重要な仕事に時間を奪われ、経営者にしか決めることができない、会社の存続に関わる10年単位の「長期的」「根元的」な重要な課題や仕組み作りを先送りしてしまいます。

・自分の会社のお客さまは誰か、そして生活の中で何に困っているのか
・人口減少・超高齢社会での消費減少、労働力不足をいかに克服するか
・どこにでもいるような人たちで、誰もできないことを実現する仕組みとは

経営者の重要な役割と責任を日頃感じ、必要とする情報と資料を集め、信頼する部下の意見を聞きながらも、まとまった時間が取れず先送りする。そこで自分を慰める決まり文句は、「毎日忙しくて、会社の将来をじっくり考える暇がなかった」です。

「まとまった時間が取れなかった」のではありません。「まとまった時間を取らなかった」のです。会社の将来の課題は、暇があれば取り組むというものではありません。**経営にとって先送りは逃避であり、常に貴重な時間とチャンスを失い、退化につながります。**

会社の存続や将来を決める課題は、ホテルに三日三晩でもこもって寝ずに集中して考えをまとめてしまいましょう。できの良し悪しより、まず、整理しまとめる。そして、それをたたき台にして、信頼できる部下や友人と議論する。このたたき台は、経営者としての「決

意」を示し、「説得」するために作ります。「決意に懸ける想い」が伝わる内容であることが第一。資料や理屈は、後からトラックいっぱいほど準備できるのですから。

スウェーデンの心理学者、K・アンダース・エリクソン教授が、バイオリン奏者の練習の中から、興味深い実験結果を導き出しました。

『練習をせずに天才的才能を発揮する人』も、『いくら練習をしても上達しない人』もいなかった」

「1万時間より短い時間で、真に世界的なレベルに達した例を見つけた調査はない。まるで脳がそれだけの時間を必要としているかのようだ」

この実験結果は、**「1万時間の法則」**として話題になりました。

1万時間とは、1日9時間そのことばかり考え抜いて1111日で約3年間。寝る間も惜しむ経営者なら、1年で作り出すことができる時間です。

そして、経営者に限らず、人が興味と熱意をもち、集中して取り組んだ一万時間は、イチロー選手を育て、ピアニスト辻井伸行氏を育てたように、決して裏切ることはありません。

（3）ネズミの時間感覚で進化のスピードを上げる

『ゾウの時間　ネズミの時間』（本川達雄著、中公新書）という書物があります。ネズミの心臓の生涯鼓動回数とゾウの生涯鼓動回数は、なぜか同じ20億回だそうです。そして心拍時間は、ハツカネズミは0・1秒、ネコは0・3秒、ゾウは3秒。ちなみにヒトは1秒です。体のサイズの大きな動物ほど、心拍時間も呼吸も筋肉の動きもゆっくりとしています。

時間という尺度は、地球の自転周期から人間が勝手に作り出したものですから、物理学的な時間の長さに差はありません。とすれば、**身軽な動物ほど生きる時間が短いのではなく、生きるスピードが速いのです。**

ネズミの30日（1カ月）＝ネコの10日＝人間の3日＝ゾウの1日

ネズミに比べ、ゾウは30分の1のスピードしかありませんから、ネズミがゾウを見た時は、おそらくほとんど動かない大きな壁に見えていることでしょう。

そしてネズミの1日は、人間の10日です。道理で、追い回したって一向に捕まえることができないはずです。

同様に、意思決定の速い人が、意思決定の遅い人を見た時、動かないモアイ像のように感じるに違いありません。

生物学的な事例が、そのまま会社経営に当てはまるとは思いませんが、大きな会社は多くの人間という細胞に支えられ、過去を前提条件とした「慣習」や「ルール」という「常識」に縛られ、その統率にどうしても多くの時間を必要とします。

「P（Plan **計画**）―D（Do **実行**）―C（Check **評価**）―A（Adjust **調整**）」という、業務を継続的に改善するマネジメントサイクルという考えがありますが、時間という要素を加えなければ意味がありません。

つまり、**「（P―D―C―A）／H（時間）」**です。

たった今、素晴らしいアイデアがひらめいても、計画を裏付ける資料のための調査、専門家の意見、過去に前例がないと決断を渋る上司の説得、役員会で承認を得るための根回しなどに膨大な時間を必要としたのでは、プランばかりが繰り返され、やっとDoが決定された頃には、お客さまの要望はすでに誰かが実現してしまっています。さもなければ、お客さまの要望は、まったく別なものになっているでしょう。

（4）現場での実践がネズミのスピードを生み出す

もし、このマネジメントサイクルを一週間単位で刻めれば、会社はすごいスピードで進化を果たすことができます。

お客さまと商品が出合う「現場」を大切にする現場主義経営だけが、素早く失敗の兆候を見つけ、即座に失敗の「真因（真の原因）」をつかみ、すぐやり直すことができます。怠慢や怠惰や先送りによる失敗を決して許すことはできませんが、懸命に創意工夫し改善しようとした結果の失敗は、次のＰＤＣＡサイクルで成功につながる貴重な実験となります。

かつて健康食品製造業を経営した時代に、錠剤のコーティング技術の開発に取り組みました。

錠剤は、服用してすぐに胃液の影響を受け、溶解し、胃壁から吸収されてしまいます。しかしその製品は、小腸で吸収されることが一番効能・効果を発揮できるため、服用してから4時間後に小腸に錠剤が到達したときにコーティング層が溶解するように設計する必要がありました。開発のために許された期間は3カ月間。それを、研究・製造・販売部門の組織横断チームで取り組みました。

机上ではなくすべて現場で、塗布する原料の選定、溶液の塗布方法、冷却乾燥方法など数々の仮説を立てて実験を行い、コーティング層の溶解時間を測定し、電子顕微鏡でコーティング層表面の仕上り状況を確認するなど、効果測定を繰り返しました。製造機械の横で製品を手に取り、出来栄えをみんなの目と耳とデータで確認し、それまでの常識では思いつかないようなアイデアまで試しました。

結果、3カ月で200通り以上（毎日平均2回以上のマネジメントサイクル）の試作の末、チームのみんなが疲労の限界に達し、期限も迫り、もう諦めようとしたとき突然、実用可能な技術を完成することができました。

「今はまだ小さな会社」は、大きな会社のように縦割りの専門分化が進んでいません。同じ目標や出来栄えを共にする一蓮托生の連帯感と細かな意志疎通が、素早い判断とくじけない努力を生み出したと、今でも誇りに思っています。

【3】時間という財産のムダを生み、会社の進化を妨げるもの

(1) それぞれが象をなでるような過度な専門分化による官僚主義

専門分化は変化する社会に会社が適応するため、そして、会社という組織を仕組みで運営するために必要です。

しかし、職務に忠実であればあるほど視野が狭くなり、視座（見る位置）が低くなり、会社や組織が存続する目的であるはずの「お客さま」が希望する全体像が見えなくなります。あなたが「お客さま第一」と叫んでも、お客さまが誰か分からなくなります。

まして、**「お客さまの満足は、困っていることを解決し、期待していることを実現するこ**

とにあり、すべてはお客さまの生活の中にある」という本質さえ気づかなくなります。

そして、大きな会社や公共事業体の階層組織は、お客さまという「巨象」ではなく、「虚像」をなでるようになります。

「**人が悪いのではない、組織と仕組みが悪い**」から起こるのが「官僚主義」の本質です。

お客さまという「巨象」の脚をなでた人は、「大木のようだ」と主張し、鼻をなでた人は「太いホースだ」と叫び、お尻をなでた人は「壁だ」と訴え、糞に触った人は「臭い」と言うかもしれません。

「今はまだ小さな会社」でも、成長に伴い階層が生まれ、「**専門分化の罠**」に囚われる危険が生まれます。常に会社全体の目標と個人が担う責任を確かめながら、全体像を共有する努力と工夫を怠らないようにしたいものです。

（2）総合的な創造性と構想力の衰え

「海軍に入るくらいなら、海賊になろう」とアップルの創業者スティーブ・ジョブズは、マッキントッシュ開発チームを奮起させました。

「大海賊」という言葉は、R・バックミンスター・フラー（思想家・デザイナー・建築家・発明家・詩人）の『宇宙船地球号操縦マニュアル』（ちくま学芸文庫）の中で、地球規模の総合的な情報と知恵をもつ冒険者を意味し、ジョブズは自分たちもそのような「大海賊」を目指そうと呼びかけていたのではないかと思います。

大航海時代以前、地球の表面の4分の3を占める海洋を旅する「大海賊」と呼ばれる冒険者たちが存在し、その存在は秘密とされてきました。彼らは遠く離れた場所で生み出される、**さまざまな産品や資源を集めて組み合わせ、創造力と総合力で、高度な利用価値をもつ道具や消費財を生み出しました**。地球規模で資源や産物を把握し、創造性による統合ができたのは、海を拠点とする「大海賊」だけでした。

一方、限られた地域でしか生きられない民族には、自分たちが生み出す食料や産物が、遠く離れた地域に住む他の民族にとって、極めて重要な価値を持つことを想像できませんでした。そして「大海賊」は、地域的に専門分化を推し進め、そのビジネスモデル（儲ける仕組み）を明かすことなく巨万の富を築きました。

ジョブズは、フラーの宇宙船「地球」号から、「お客さまの要求を満たすために、先進企業が苦労して開発した専門分化された知識や技術を、総合的な構想力と創造力で統合すれば、価値ある製品が作れるはずだ」と直感し、自分たちを「大海賊」になぞらえたものと思われます。

マッキントッシュに採用されたマウスやＧＵＩ（グラフィカル・ユーザー・インターフェイス）などの優れた技術は、大企業ゼロックスの研究所で開発されましたが、ゼロックスでは総合的な構想力で活用されることもなく、価値さえも認められず、埋もれていた発明の一つにすぎませんでした。

トランジスタという技術も、大企業ＷＥ（ウェスタン・エレクトリック）社で開発されましたが、補聴器ぐらいにしか利用価値がないと判断されていた発明でした。もしソニーが、創造的で総合的な構想力によってその利用価値に気づき、真空管の代わりに小型化と省電力化を進めなければ、現在の集積回路によるさまざまな製品が生み出されるのは、はるか先になっていたと思われます。

このようにジョブズとソニーは、「専門分化」された技術や知識は、総合的な構想力と創造力があってこそ活きた価値が与えられることを証明しました。

この「大海賊」としての構想力は、その後の iPod、iPhone に発展しました。「アップルは何も発明せずに、すべてを発明した」と言われるのは、**専門分化された知恵と技術を総合する構想力**を指すのです。

（3）階層社会にはびこる「無能のカサブタ」

（『ピーターの法則　創造的無能のすすめ』ローレンス・J・ピーター著〈ダイヤモンド社〉より）

企業や公共事業体などの組織は階層社会であり、優秀な人材が期待され、昇進をします。小さな部門の業務を改善し、成果を上げ、期待され、より大きな部門の責任を任されたとき、計画の立案に伴う部門間の調整や部下の指導育成など、新たな力量が必要とされます。そこで責任に見合う能力を身につけることができた者は、さらに昇進して重要な職務につき、一層重い責任を担うことになります。そして、昇進の末、力量が及ばなくなった段階で、「無能」になります。

情報技術（ＩＴ）や人工知能（ＡＩ）が発達し、年功序列という過去の「常識」がまったく通用しない今、社会の変化についていけない管理職が生まれています。

官僚機構や地方自治体に代表される縦割り組織や、大きな会社の専門分化された組織階層の中にこの傾向は強く、時が経つにつれて、階層のすべてのポストはその責任を果たすことができない役職者によって占められ、ある者は前例主義に陥って意思決定を先送りし、またある者は、自分の地位を脅かす部下を排除し、**「無能のカサブタ」に重要な役職を占められ、**

組織の機能不全を引き起こし、ゾウのスピードどころか、硬直化し立ち枯れてしまいます。

「今はまだ小さな会社」では、大きな会社のように専門書にあるような複雑な人事評価制度は必要ありませんし、弊害をもたらします。

100人以下の会社であれば、経営リーダーが、毎日計画的に2~3人の従業員と、担っている仕事や生活、将来の希望など打ち解けた会話をすればそれですみます。2カ月もあれば全員の人柄や意識、仕事上の悩みや希望を知ることができます。

そして、それを継続することで、従業員の意識の変化や悩みを事前につかむことができます。家族構成や家庭状況も知ることができ、強い連帯感と合理的な仕組みをもった「家族主義的な企業経営」を行うことができるのです。

人の評価にはインプット要因とアウトプット要因がありますが、どうしてもインプット要因で人を評価する傾向が強くなります（情意評価、ハロー効果）。

「彼はまじめで辛抱強く最後まで諦めない、仲間からも信頼されている」

「彼女は何事にも積極的で、困難な仕事でも笑顔で率先して引き受ける」

……なるほど、頼もしい従業員のように聞こえます。

では、彼らはどのようなアウトプット（付加価値）を実現しましたか？

付加価値という結果を確かめることなく、情意だけで人材を評価することで、「無能のカサブタ」を増やしてしまいます。

P・F・ドラッカーが提唱した**「目標による管理」**の意味を取り違えて、多くの専門書では「目標管理」と表現され、与えた目標の達成度を人事評価によって管理することだと誤解している会社が多いように見受けます。

「目標による管理」の正しい理解は、**「人は自分で立てた目標（約束）に責任を持ち、自分で自分を律して（セルフ・コントロール）、目標を実現する」**という、人間の本質への信頼に基づいた「人間尊重の原則」がその根底にあります。

人に対する評価は、現場で従業員本人と話しながら公正でシンプルに、**「約束とその結果」**によって正しく行い、時には配置転換により「無能のカサブタ」をはがしてしまいましょう。

（4）小田原評定のように意思決定できない「烏合の衆」

会社が成長すると、省庁縦割りのように業務内容に合わせて専門分化された人員が増加します。仕事の多様化が進み、専門分化した人材それぞれが、組織体や会社の全体像に対する構想力と責任をもち、組織横断的に相互に啓発し連携できるのであれば、各自の顕在能力を超えた成果を導き出すことができます。

けれども、単純作業の分野や、各自の責任が不明確で、生み出した結果（付加価値）が見えにくい公共事業体や、直接的な利益責任がない間接部門では、なぜか「１＋１＝３」どころか「１＋１＝２」にもなりません。

その疑問を実験により究明したのが、フランスの農学者、Ｍ・リンゲルマンでした。彼の実験は、綱引きや荷車を引いたり、回転するひき臼のバーを押すことによって確かめられました。

実験の結果、１人の力を１００％とすると、２人の場合それぞれ93％、３人では85％、４人で77％、５人で70％、６人で63％、７人で56％、８人に至ってはなんと半分以下の49％となりました。

集団のサイズが大きくなればなるほど、集団全体のアウトプットと個人のアウトプットの合計の差が拡大することが、「**リンゲルマン効果**」として立証されています。

綱引きで思い出がある人も多いと思いますが、１人で綱を引く力を１００kgとすると、８人では８００kgのはずが４００kgに満たなくなり、一体感のある威勢の良いチームに負けてしまいます。

お祭りで多くの人と神輿を担いでいるのに、誰かがぶら下がっているのではないかと思うほど、重く感じることがあります。

決して、誰かがさぼっているわけではなく、それぞれが懸命に綱を引き、神輿を担いでいるのですが、個人が単独で作業を行った場合に比べて、集団で作業を行う場合の方が個人の力を出せていないという現象が起こります。自分1人くらいと思い、他人に依存する人もいます。おそらく動機づけの低下と、各人間の調整の難しさによるものと思われます。

特に、リーダー以外の責任が不明確な仕事や、行政サービスや間接部門では、一人ひとりが自らの目標を掲げて責任を持ち、個人間を調整するルールが必要です。

Ⅱ　錆びた「常識」が会社の進化にブレーキをかける

【4】「習慣」という「無意識」が使えない「雪道の時代」

人間の脳は、同時に複数の思考ができません。それを補うものが「習慣」と呼ばれる「無意識」です。

会社の経営にはさまざまな思考が必要ですが、それを補うものが「常識」であり、「習慣」です。「昨年と比較して売上高が伸びて、原価と経費が減っている。今年の決算はまずまずかな?」と「無意識」に比較してしまう前年主義も、「習慣」の一つです。

例えば、お天気もまずまずで、いつもの慣れた道を車で走っている時なら、運転をしながら音楽を聴き、歌を口ずさむこともできますが、初めての道で迷ってしまい、約束の時間に遅れそうになった時には、口ずさむどころか音楽を聴いている余裕すらなくなります。

しかし、その時でも慣れた「運転習慣」が、無意識に助けてくれます。右折時には右のウィンカーを点滅させ、車間距離が詰まれば、意識しなくても自然とブレーキを踏んでくれます。

会社を経営するにも、社会に生活する中でも無意識という「習慣」に支えられることで、私たちは深く考える余裕を持つことができます。**良き「習慣」と良き「常識」は、自由な思考を応援してくれる「良き友」です。**

しかし、運転環境が大きく「変化」した場合はどうでしょうか?

例えば、予期せず雪が降ってきて、気温も氷点下を下回り路面が凍結し始めた。スタッドレスタイヤを装着していない、視界も悪く、初めての土地で初めての道。きっと音楽どころではないし、これまでの「運転習慣」も通用しないでしょう。

いつものように無意識に習慣的にブレーキを踏めばスリップし、前の車に追突するか、スピンをして横転するかもしれません。そして、「潜在意識」は危険を感じ、アラームを発し、恐怖心を呼び覚まします。この時に無意識という「習慣」は、使い物にならないばかりか、直感的に働く「潜在能力」の邪魔になります。

会社を経営する上での「変化」とは、実は、この雪の日の運転と同じです。慣れ親しんだ環境では、「習慣」が意識しなくとも深い「思考」を助けてくれますが、社会や社内の環境の変化に対しては、これまでの「良き習慣」が「悪しき習慣」となり、会社が長年培ってきた「潜在能力」の発揮を邪魔します。

変化が当たり前のこれからの時代、まして会社を変化させ、存続と成長の道を開きたいと考えるならば、これまで通用した無意識や「良き習慣」でさえまずは否定し、誰かが作為的に作ったかもしれない「常識」や「情報」を疑い、変化の本質を考え抜いて独自の原則による新しい「習慣」と仕組みを作り上げなければなりません。

ダーウィンが解明した「種の起源」では、「生物は自然淘汰によって適者が生存し、それが蓄積されて進化する」と述べられています。

今、会社の置かれた自然とは、人口減少・超高齢社会であり、お客さまの心理は変化し、刻一刻と減少する消費を奪い合う戦争です。**適者の本質は、「顧客と社会の変化」に先回りして「事業と組織」を変えることができる会社です。**

競争と残された時間を制することができない会社は、自然淘汰によって生存を許されない「雪道の時代」になりました。

【5】会社の進化を妨げる「常識」という名の「非常識」

「常識」とは、ある時代と場所という前提条件の中でだけ通用する「習慣」です。

日本では自動車は左側通行が常識ですが、アメリカでは右側通行が常識です。ちなみに左側通行を採用している国は、日本とイギリス連邦加盟国が主で、世界的に見ると、少数派の「習慣」であり、「常識」です。

東京ではエスカレーターは左側に立ち止まりますが、大阪で左側に立ち止まっていると「おっさん、じゃまや！　どかんかい」と叱られます。

これは、大阪の人が東京の人に対抗して始めた「習慣」ではなく、１９７０年に開催された大阪万国博覧会で、海外の右側通行の国から多くの観光客を迎えるために作られた新たな「ルール」であり、今では関西地域の「常識」となっています。

前提条件が変われば、それまでの「常識」は、思考や実践を妨げる「非常識」として障害になります。会社や仕事を見渡してください。前提条件が変化してもなお既得権化して生き続けている「しきたり」「ならわし」「前例主義」はありませんか？

なぜ、その「習慣」が生まれたのか。

誰が、どのような意図でその「習慣」を作り上げたのか。

由来を確かめ、時に否定することで障害を取り除き、会社の貴重な時間と経営資源のムダを防がなければなりません。

高度経済成長期という時代に作り上げられた「常識」という名の「習慣」を挙げてみましょう。もはや、その「常識」を守ることが「非常識」になりました。

(1) 大量生産・大量消費時代を支えた「常識」

かつて、実質経済成長率年平均10%以上という、高度経済成長期(1955〜1973年)がありました。第二次世界大戦の敗戦で焼け野原となった日本は、1950年に起こった朝鮮戦争による特需を千載一遇のチャンスとして、戦争を生き抜いた数多くの勇気ある起業家が戦火に焼かれた会社を再興し、また、新たに創業し、団塊の世代(1947〜1950年生まれ)の成長に伴う旺盛な消費を背景に、「量的充足」の経済基盤を築き上げました。

そして、1960年代には、義務教育を終えた団塊の世代も、均質で勤勉な労働力として加わり、生産力(供給力)と消費は飛躍的に向上しました。

彼らが「ニューファミリー」と呼ばれた家庭を築くことで、消費はさらに拡大し、「大量生産・大量消費」と「規模の経済」が、製造と消費の「常識」となりました。

(2) 明日を信じきれた時代の「常識」

若い労働人口は、1960年池田内閣によって提唱された「所得倍増計画」を信じ、自分の努力で「今日より明日は良い日にできる」という希望を胸に、「終身雇用」「年功序列」「企業内労働組合」を前提条件(常識)として働きました。

日頃の仕事の辛さと、親元を離れ1人で都会に暮らす寂しさを、坂本九ちゃんの「上を向いて歩こう(1962年)」を口ずさみ、1962年、堀江謙一青年がわずか19フィート(全長6メートル弱)のヨットで太平洋を横断したことに勇気づけられ、1966年、植村直己氏が世界最高峰(モンブラン、マッターホルン、キリマンジャロ)を単独登頂したことに感動し、自分自身のもつ明日の可能性を信じ、ある者は事業を興し、ある者は高度経済成長のエンジンとなりました。

(3) 人口ボーナス期だけに通用した、年功序列という「常識」

当時出来上がった「年功序列」という働く者の「常識」は、江戸時代の社会規範であった朱子学(林羅山)による倫理観「長幼の序(五倫)」を、若年労働者間の職場内の秩序形成に応用したものでした。

勤続年月に比例して技能を高めてほしいという期待を賃金や処遇体系に反映し、現代のような複雑な人事制度がなくとも、後輩の現場技能訓練（ＯＪＴ）と秩序維持の責任を先輩が担う体制が出来上がりました。

しかし、情報と技術が急速に進化する今、勤続年数と能力（功績）が比例する仕事は、長年の修行が必要となる技能的な職種を除いて、見当たりません。

むしろ、能力が年期や年齢と比例しない仕事が多くなり、人工知能（ＡＩ）がヒトの仕事を代替する時代に、いまだ「終身雇用」と「年功序列」がセットで運用されているのは、生存競争に無関心な組織だけとなりました。

（4）高度経済成長からの分かれ道

高度経済成長を実現できた「本質」は、起業家による事業家精神と、「人口ボーナス」による勤勉で質の高い豊富な労働力と旺盛な消費でした。

しかし、１９７３年、第一次石油ショックによって高度経済成長は終わり、需要に供給が追いつかないために、需給バランスが崩れ、狂乱物価となりました。

その後、１９８９年にベルリンの壁が崩壊し、東西冷戦が終結。アメリカの軍事技術（インターネット、ＧＰＳなど）が広く民間製品技術に応用され、東西の壁がなくなったことで地球規模の経済交流が進み、ＢＲＩＣＳといわれる中進国の成長により供給力が向上し、日本は常に需要が供給を下回る、デフレ経済となりました。

（5）いつまでもしがみ付く成功体験という「常識」

そして、人口減少・超高齢社会の兆候として１９９６年、労働人口が初めてマイナスに転じましたが、その時、あたかも需要を抑制するかのような消費税率の引き上げ（３％⇒５％）が行われ、デフレ基調は確実に定着してしまいました。

その後、２０１２年以降、年間60万人以上の労働人口が減少し、量的な消費が減退しているにもかかわらず、高度経済成長期の「慣性」とでもいうべき成功体験と「常識」にしがみついています。

政府が掲げるインフレ目標２％は、需要が供給を上回っていれば可能でしょうが、労働人口が減少し消費が減少する中で、世界各国から量的に供給が増加し、日用品（コモディティ）は慢性的供給過剰でデフレが止まりません。

【6】「常識」には、作った誰かの意図が隠されている

（1）コロンブスはアメリカ大陸なんて発見していない

クリストファー・コロンブス（1451年頃〜1506年5月20日）

職業：探検家・航海者・奴隷商人

①英雄伝説に隠された「真実」

・アメリカ大陸には一万年以上前から、日本人と人種的に近いモンゴロイド系先住民族（インディアン、エスキモー）が居住し、独自の文明をもっていました。従って、コロンブスの航海は、「新大陸発見」ではなく、ヨーロッパからの「大西洋航路の開拓」です。

・「アメリカ」という呼称は、イタリア人のアメリゴ・ベスプッチによって南アメリカが発見されたことを受け、ドイツ人の地理学者がこの大陸を「アメリゴの大陸」として呼称したことが広まり、「アメリカ大陸」になりました。

・コロンブス率いるスペイン軍は、原住民であるインディアンに対して徹底的な虐殺と弾圧を行い、行く先々の島々でコロンブスの軍隊は、海岸部で無差別殺りくを繰り返し、5万人以上のインディアンの死が記録されています。

・コロンブスがカリブ海諸島で進めた「黄金探し」では、あらゆる部族の子供以外の原住

民に一定量の黄金を差し出すよう脅迫し、金の量が足りなかった者は男であろうが女であろうが手首を斬り落とされました。

・1492年のコロンブスの上陸時に約800万人いたインディアンの人口は、殺りくと持ち込まれた疫病（天然痘）の影響で、1496年の末までのわずか4年間で、その3分の1にまで減りました。

②コロンブスを讃える意図

・白人・キリスト教徒のために開拓者精神の象徴とした

ヨーロッパの白人がアメリカ大陸に移住したことで、原住民であったインディアンを大虐殺したことを正当化しました。

・スペインによる侵略を正当化した

スペイン人たちは、インカ帝国、アステカ帝国を征服し、新大陸の金銀を略奪し、ヨーロッパに持ち込んで巨大な富を築きました。そして、ヨーロッパが世界を支配するきっかけを作ったことを正当化しました。

（2）ペリーは薪と食料と水が欲しかった

①ペリーが来航した時代背景

1859年、アメリカ合衆国のペンシルベニア州で油井が発見され、ロックフェラーが精製と大量輸送方式を開発し、1870年にスタンダード石油会社を設立しました。

燃料用石油の量産が始まり実用化されるまで、灯りの燃料にするためのクジラの油（鯨油）は貴重な燃料であり、石油メジャーの原型のように、太平洋に最大時380隻のアメリカの捕鯨船団が鯨油目的の鯨漁を行い、ただ油を採るためだけに多くのクジラを殺し、不要な部位は海洋投棄を繰り返していました。近年、日本の調査捕鯨やイルカ漁を非難する団体もありますが、この歴史的な事実をどのように考えているのでしょうか。

一方、日本の伝統的な捕鯨は、クジラを貴重な生活資源として余すところなく利用し、クジラのひげでさえ傘の骨、釣り竿の穂先、時計のぜんまいばねとして活用していました。

②ペリー来航の目的と実際

・来航の目的は捕鯨船団に必要な薪・食料・水の補給地を確保することでした。マルコ・ポーロが「東方見聞録」で「黄金の国・ジパング」と伝えたことから、日本の金・銀・財宝を目的に来航したわけでもなく、まして日本の産品を貿易するためでもなく、捕鯨船団の寄港地を確保するためでした。
・次期大統領も決まり、任期満了間近の影響力のなくなった大統領による親書を持参して、アメリカ全体の代表を装いました。
・１８４８年、太平洋で捕鯨船マンハッタン号キャプテンクーパーが難破した日本漁民22名を救い、ハワイで休養させたのち浦賀に送り届け、感謝された事実をペリーは事前に把握していたようです。
・黒船と聞いて鉄造船と「錯覚」をしますが、実は防水・腐食防止用のピッチという黒い塗料を塗った、蒸気機関付き木造帆船５隻でした。

③Japan の語源

「ジパング」は「ジャパン」の語源とされていますが、マルコポーロが「東方見聞録」で西洋に伝えた「Zipangu」は、「Zi」が「日」、「pan」が「本」、「gu」が「国」に相当し、「日本国」を「元の時代の中国語」で読んだものと思われます。

また「東方見聞録」は、ロシアが東方に領土拡大を目指した遠因にもなっています。ロシアの最東端ピョートル大帝湾の南に「ウラジオストック」という港湾都市がありますが、語源は「ウラディ（支配する）ヴォストーク（東）」。ロシアは、海洋に出るために不凍港を必要とし、東にも港を求めました。しかし、ロシアの東に位置する国は日本であり、日本を支配するためとも取れます。実際に、日露戦争ではロシア・バルチック艦隊の本拠地でした。

【7】お客さまの顔を忘れた事業は「非常識」になる

「常識を知らない」とか「非常識だ」とか「世間知らず」という評価を、恥ずかしいことと思ってはいないでしょうか？

確かに、往来で突然大声を張り上げたり、借りたものを返さなかったりという道徳外れは、「常識」ではありません。しかし、経営の世界で世の中を変えるようなリーダーの人々の多くは、かなり「常識外れ」です。

今、私たちの身の回りでも、「当たり前」とか「前年は、前例では」とか、**過ぎ去った過去の社会の「常識」に囚われ、時間という取り返すことのできない貴重な財産のムダ使いにつながる「非常識」が溢れています。**

一例を挙げれば、公共機関と金融機関の休業日と営業時間です。

24時間・年中無休の眠らない社会で多くの人々が働くことが「常識」となった今でも、土日祝日は休業、15時とか17時に業務を終了することを「常識」としています。

「今はまだ小さな会社」の私たちが、融資の返済や手形決済で一刻を争うとき、あるいは、各種届出のため印鑑証明や登記簿謄本を必要とするとき、平日の貴重な時間帯でなければ、目的が果たせません。

お客さまという利用者の「常識」とはかけ離れた過去からの「常識」で、社会基盤と言われる公的組織や銀行業務が運営されています。

銀行法に定められているからといわれる「常識」を疑い、調べてみると、やはり、その世界独自の「既得権」とでもいうべき「慣習」でした。

(1) 銀行の休日について

銀行法第15条第1項に、「銀行の休日は、日曜日その他政令で定める日に限る」と定められています。「定める日に限る」としている目的は、社会基盤としての役割を果たすために、定められた日以外に休業してはならないと一般的には解釈します。どのように読んでも、「土日祝日は必ず休業しなければなりません」とは理解できません。

最近では流通系企業が金融機関を設立し、ショッピングセンターの営業時間に合わせて年中無休で営業しています。また、高齢社会の利便性の向上に向けて、クレジットもますます便利になりました。**お客さまの生活をいかに充実できるかの競争社会において、お客さまの**

顔を見ようとしない事業は、おそらく市場には不要となります。

（2）銀行の営業時間について

また、銀行法施行規則第16条には、「銀行の営業時間は午前9時から午後3時までとする。前項の営業時間は営業の都合により延長することができる。」と記され、15時に店舗を閉店しなければならないとは記されていません。

おそらく、現在のように情報技術やコンピュータが発達していない時代に、その日のうちにすべての出納業務を終了するために15時閉店が必要だったと思います。

しかし、現在の24時間眠らない社会において、お客さまの利便性を考えると、適正な業務時間設定が必要です。金融機関や公的機関は、利用者であるお客さま（預金者、市民）の利便性を第一に考え、ＩＴ技術とコンピュータを高度に活用して、お客さまの時間に合わせる努力が必要です。

世の中で働く人々は、役所勤めの公務員や銀行員ばかりではありません。24時間・年中無休の眠らない社会になる以前から、消防署や海上保安庁や警察に勤務される公務員の方々、公共交通機関に働く方々は、年中無休の交替制勤務で国民の安全と利便性のために尽くしてきました。コンビニエンスストアや警備会社の従業員の方々、夜間工事に従事する方々も、製造業も三交替制勤務により、製造設備を24時間稼働させ、採算性と品質を高めています。**社会的基盤となる事業は、常にその機能を改善し、税金によって運営されているのであればなおさら、社会とお客さまの変化をむしろ先取りする**くらいでなければ、きっと存在意義を問われる日が来るでしょう。

【8】前例という「非常識」にしがみつくから、儲からない会社になる

かつて私が経営を担当した会社では、私の就任以前に残業問題で内部告発があり、労働基準監督署による立入調査が行われた結果、過去にさかのぼって未払い賃金の支払命令が下されていました。原因は、慢性的な赤字経営に苦慮した前任経営者による、短絡的な残業禁止命令でした。

そして、就任して驚いたことは、残業が発生する「真因の究明」もなく、今後そのような事態が起きないような製造と働く仕組みの改善もなされていないことでした。

就任後すぐに、製造現場で現実を確認し、従業員の皆さんから実情を聞き取り、製造計画と勤務計画と実績を確認したところ、必要資料は整わず、この残業問題は積年の赤字経営の氷山の一角であることが分かりました。

（1）現場・現実からつかんだ真因

過去8年間の赤字経営の真因は、過去一貫して製造直前にしか組まれない製造計画と労働時間管理ならぬ頭数管理にありました。

・工程単位で仕掛品が山積みされ、反面手待ち時間で暇そうにしている従業員が目立ちました。

・製造計画が決まるのは、月度が始まる前日。従って原材料の手配遅れや労働時間不足により、毎日製造計画が変更され、納期遅れが常態化していました。

・月度製造計画には工程別作業時間や必要労働時間の記載はなく、社員とパートタイマーの頭数が割り当てられ、時間単位の実績対比が不可能でした。

（2）カイゼン結果：過去の習慣を否定し、付加価値を生まないムダを排除

①製造計画と労働時間計画の連動

・繁忙月と閑散月の必要労働時間に合わせて月間勤務時間を配分

・「1カ月単位の変形労働時間制」を採用し、週間単位の繁忙と閑散に反映

・計画的な働き方と計画的残業による、流れのある働き方と家庭生活の両立

②付加価値を生まないムダを排除し、品質と納期順守により信用を回復

・仕組みとしてＩＳＯ２２０００とＧＭＰに取り組み、認証取得
③売上高営業利益率５％を実現し、過去の慢性赤字経営から脱却

【9】正しい「情報」を見抜き、伝え、正しい判断を行う

（1）「情報」には、伝えた誰かの意図が隠されている。

「大海賊」は、航海によって地球上の富の遍在を知り、その交易と組み合わせで新たな富を築きました。野村證券の創始者野村徳七は、第一次世界大戦に突き進むヨーロッパの情勢を友人からの電報で知ることで、相場において大きな利益を上げ、経営基盤を確立しました。このように、情報社会が発達するまでは、他人より早く正確な情報をつかんだ者が世の中を主導しました。

しかし、現代は情報社会であるがために、さまざまな意図を含んだまことしやかな情報が会社の進化を妨げる障害となっています。

「正しい常識」や「正しい情報」の見分け方は、「目的は何か？」「誰が得をするのか？」であり、自分の目と耳で確かめ、自分の頭で考え抜くことです。

「地球温暖化」に関する現在の世界的な取り組みや情報は正しいのでしょうか？

誰が得をするのでしょうか？

現在使用されている石油や天然ガスなど、化石燃料に代わる大量の「水素」を製造するためには、同等の化石燃料あるいは原子力によるエネルギーが必要です。

「代替アルコール燃料」も同じです。穀物の食料としての需給に優先してトウモロコシからアルコールを製造することで、穀物価格が高騰し、貧しい国では食糧危機を招きました。

そして、このように代替エネルギーを実用化するために、中東諸国の政情を不安定にすることで原油や天然ガス価格の高騰を誘引し、オイルサンドが実用化され、日本海溝に眠るメタンハイドレードの実用化も注目されています。

CO_2の排出権取引も、ほとんどCO_2を排出していない後進国の権利を先進国が買い取ってCO_2を排出するのですから、CO_2の総排出量は増大します。

さまざまな情報から**「誰が得をするか」という関心をもった時、情報の真実が見えます。**

（2）正しい情報を現場から自分の目と耳でつかむ

経営の本質は、素早く正しい意思決定です。スピードある正しい意思決定を行うためには、可能な限り**客観的で正確な現場発の「生の情報」**が必要です。

サプリメント製造企業の経営に携わっていた時、顆粒を袋詰めするスティック分包製造工程で、製品詰め合わせのミスが発生しました。

製造不良発生の一報を受け、即時に製造工程すべての作業を停止し、工場責任者に状況を確認したところ、「最近、新人を採用したばかりで、作業に不慣れなことが事故原因と思われる、今後訓練を充実し再発を防ぎたい」との報告でしたが、真因の特定には不十分でした。

そこで、現場確認のため、製造工程に関わるリーダー全員で、製品事故発生のまま保存している現場に集まり、事故時の現場の作業状況を再現しながら「真因」を究明しました。

確かに、新人による箱詰め作業はベテランに比べスピードが遅いと感じましたが、丁寧ですし、不正確ではありません。

それ以上に疑問をもったのは、箱詰め工程における仕掛品の多さでした。

そこで、前工程であるスティック充填工程の製造記録と設備の設定状況を確認すると、1分間に6連の分包×60ショット（回）＝３６０分包と、設備のもつ最高製造能力に合わせてありました。

それに対して、後工程の箱詰め工程の作業能力は1分間10箱（1箱31包入りで３１０包）、分包充填工程と、箱詰め工程では毎分50包の製造能力の差が生じていました。

箱詰め工程は、分包充填工程からベルトコンベアーで送られた分包を、１カ月服用分6包

×5回＋1で詰め合わせしますが、常に機械の製造能力に追われ、詰め切れないものが仕掛品としてコンベアから仕掛箱に外されたのち、別途31包数えて箱詰めされていました。

この段階で、箱詰め数量ミスという製品事故が発生したことが究明できました。

そこで、ボトルネックである箱詰め工程の能力に合わせて、ショット数を60回から50回（300分包）に減らし、工程作業を再開したところ、それ以降、同様の製品事故は発生せず、仕掛品を一掃し、工程間の「流れ」を整えることができました。

この事件で学んだことは、新たな仕組みにつながる2つの原則でした。

①現場の事実に、真の問題発見と成長に結び付く解決策がある

この時、みんなで悩み工夫した解決方法は、後日、著名な「TOC制約理論」と知りましたが、その原則がすべて工程管理の基本となりました。

②人が悪いのではない、仕組みが悪い

不慣れな新人の力量を原因とすることは簡単でしたが、どこにでもいる普通の人がさまざまな仕事をしているのが「今はまだ小さな会社」であり、仕組み作りが最優先課題です。

(3) 今なお続く「鹿鳴館時代」の「サルマネ」のような理論とカタカナ英語

①アメリカの経営理論をありがたがる風潮

長い鎖国が解けた明治時代から今日まで、諸外国、とりわけ西洋文化に憧れを抱き、その見よう見マネをすることが知識階級の証とする傾向があります。

かつて「鹿鳴館時代」という明治特有の文化がありました。女性は日本髪にロングドレス、男性はザンギリ頭でステッキを持ちタキシード、不慣れなナイフとフォークを使い、西洋料理を食べ、社交ダンスを踊ることが上流階級の社交術として流行しました。

西洋のモノマネをすることが、地位と知識の象徴であると理解していたのかもしれません。それを見た諸外国の要人は、冷ややかに日本人の「サルマネ」と嘲笑していました。第二次大戦後は、アメリカの文化に憧れありがたがる風潮は「鹿鳴館時代」以上です。

②伝わらないカタカナ・頭文字英語

日本は世界的にも稀な複雑な言語の国です。「漢字」と「ひらがな」と「カタカナ」の三種類の文字で構成され、文法では動詞が最後に来るという独特のものです。特にカタカナは「カステラ」「マント」「ガラス」など、もともと日本に存在しなかったモノの名詞として広く使われています。

しかし、最近のマスコミや経営書やセミナーなどでは、すでに日本に存在し、少し努力すれば誰にでも分かるように翻訳できるはずなのに、英語の発音そのままに意味や本質の究明もなく、カタカナ・頭文字英語が氾濫しています。

例えば「私は彼をリスペクトしている」などと話す人がいますが、「私は彼を尊敬（畏敬）している」ではダメなのでしょうか？

「鹿鳴館時代」さながらに、カタカナ・頭文字英語を使えば権威ある知識人として尊敬される、そして「簡単なことを難しく、難しい言葉を使って権威があるように見せかけているのか」と疑わざるを得ません。

「学ぶ」という語源は「真似（まね）ぶ」にあります。**学問とはまず、ものごとを問うて真似て習う中から本質を見抜き、改良して独自の活用方法を作り出すことです。**

従業員の皆さまに伝わるように、シンプルで分かりやすく、単なる模倣やサルマネではなく、その本質の中から原則を見抜き、自分自身の言葉で想いを伝え、組織の潤滑油としたいものです。

③「情（想い）」を「報《し》」らせるから「情報」

意思疎通（コミュニケーション）の「本質」は、口説き口説かれの「説得」と「納得」のキャッチボールです。

明治のリーダーは、海外の優れた思想や技術を「本質」まで深く学びました。そして、その利用価値を見抜き、「富国強兵」「殖産興業」に積極的に取り入れました。

1人でも多くの国民を説得するために「和魂洋才」を思想として、「新漢字」を作り、「情」を伝えました。また、列強諸国が虎視眈々と日本での覇権を狙っているという危機を国民に「報」らせることで、独立国日本を創り上げました。

会社のリーダーの本質的な役割は、**存続と成長のための「思想家であり想いの翻訳家」**でなければなりません。

「難しいことを簡単に、簡単なことを徹底」しなければ、会社を進化させることはできないからです。

正岡子規は「野球」、西周《にしあまね》は「民主主義」、福沢諭吉は「簿記」という新しい日本語を作りました。「簿記」はbook keepingという英語を聞いた福沢諭吉が、「ボッキ」と聞こえる発音から、帳簿に記帳することを連想し、「簿記」という熟語を作りました。

その他にも、中国ですでに忘れ去られた古典から引用して「自由」「人民」「共和制」という単語を作るなど、誰が読んでも意味が分かるように表現する努力を惜しみませんでした。

④素朴に「想い」を語りかける「カイゼン」

ソニーの創業者である盛田昭夫は、尊敬してなお余りある日本を代表する経営者です。町工場であった東京通信工業をソニーという世界企業に育て上げ、スティーブ・ジョブズは、盛田昭夫とソニーの最小化技術と挑戦の企業文化に憧れ、多くを学んでいたと思われます。

盛田昭夫の著書『Made in Japan』は、世界に向けて日本のものづくりや日本人の考え方、日本文化と風土を発信した内容として、感銘を受けました。

しかし、読んで気づくことは、カタカナ・頭文字英語で表記した言葉が多いことです。おそらく、海外の経済人や読者を意識して書かれた作品だからだと思います。しかし、この本によって、盛田昭夫の「想い」が、行間までソニーの後進経営者に伝わったかは疑問です。

反面、トヨタ自動車創業者豊田喜一郎の「日本人の手で国産自動車を作る」という「決意」を、大野耐一は具体化しました。

製品とお客さまの要望が出合う現場での「カイゼン」を通じて「適時・適品・適量（ジャスト・イン・タイム）」という仕組みを作り上げた、その大野耐一の著作である『トヨタ生産方式』『現場経営』に使われている言葉は、「自働化」「カンバン」「アンドン」

「段取り替え」など、三河弁混じりで泥臭いけれど、現場の従業員に直感的に伝わるように、分かりやすく書かれています。

あらためて、**人に想いを伝えること、「情」を「報」らせること、口説くことが経営の本質**であることを学びました。明治のリーダーが、国民全体に、日本の独立が脅かされている危機と、自分たちの手で築く未来を新しい熟語を作ってまで伝えた努力に、勝るとも劣りません。そして、大野耐一と明治のリーダーは、欧米に学びながらも本質を見抜き、工夫と改善をし、決してサルマネはしませんでした。

⑤あなたは他人《ひと》の言葉で愛を告白しますか？

経営者が従業員の皆さんに話す言葉は、すべてが事業に懸ける想いを伝えること、実践を促すために説得することに目的があります。

経営の「本質」とは、リーダーの想いを伝え、従業員の思いを聞く、双方向の意思疎通（コミュニケーション）によって「決意」を実現することにあります。

私が小売業・卸売業・製造業の会社で経営に携わった時、共に仕事をした仲間のほとんどが、「高卒、子育てを終えた老眼の主婦」でした。

彼らにカタカナ・頭文字英語は全く通用しませんでした。これは、一部の大きな会社を除き、多くの会社に共通する現実です。そして国民の平均年齢が46歳という現在、この傾向はますます強くなっています。

そして、今後、高齢化が一段と進めば、世代間の認識の隔たりが大きくなり、ますます意思疎通のために懸命な努力が必要になります。**経営者は、社会の変化と自分の想いの翻訳家**でなければなりません。

「社長のための訓話集」や「経営者語録」がたくさん出版されていますが、はたして自分の言葉でない受け売りが通用するでしょうか？

愛する人に想いを伝えるとき、文書を読みながら他人《ひと》の言葉で話しますか？

会社を経営する友人が、「うちの従業員は意識が低い。朝礼で私の話を聞いてもメモを取らない」と嘆いていました。

メモを取らねばならないほど多くの難しい内容を話しているのか？　と驚きました。

彼は、毎週「意識が低い」と嘆く従業員の皆さんの前で、誰も聴いてくれない「社長訓示」という題名のカラオケを熱唱しているのでしょうか？

Ⅲ　経営資源すべてをネズミのスピードで何倍にも回転させる

【10】桶狭間の戦いは情報戦略と素早い判断の戦果

わずか3000名の兵力で、今川義元率いる20000名の軍勢に勝利した「桶狭間（田楽狭間）の戦い」は、情報のもつ価値を見いだした織田信長の、情報戦略による勝利でした。

合戦前日に簗田正綱という土豪が伝えた情報は、

・今川義元の軍勢は40000という噂があるが、実は20000である
・今川軍は「桶狭間」と「田楽狭間」に陣を置き、本陣は「田楽狭間」にある「桶狭間」の軍勢は20000の大半、「田楽狭間」にはわずか2~300
・今川軍は近隣の住民を叩き起こして朝食の準備をさせているが、「桶狭間」には握り飯、「田楽狭間」には新しい魚の刺身と酒を用意している
・土地の老人によると、明日の昼頃「田楽狭間」を嵐が襲う

という内容でした。結果は、読者の皆さまのご承知のとおりです。

合戦後、「田楽狭間」で行われた論功行賞で、功労者に3000貫（4500石）の土地

が与えられましたが、一番の功労者は、今川義元の首を取った「毛利新介と服部小平太」ではなく、戦いの決め手となる情報を知らせた土豪簗田正綱でした。

彼が信長に伝えた情報は、誰かに調べさせた内容ではなく、日頃から住民と深い信頼関係を築き、**常に自分の目で現場を見続け熟知した者にしか分からない生の情報**だったからです。

この正確で的を射た情報が、素早い意思決定と素早い攻撃に結び付き、織田軍は勝利を勝ち取りました。現場に基づいた情報により、持てる資源を何倍にも活用し、短時間で最大限の効果を挙げた歴史的な事実です。

織田信長は7倍もの敵に対して、足りない経営資源を7倍以上に使って勝利したことになります。まさしく「情報によりムダな戦いを略した」情報戦略です。

情報社会が進展しても、本当に必要な情報は、ただ待っているだけでは集まりません。事業の針路にとって必要となる情報とは何かを考え抜き、意識して日頃から情報を集めて分析し、誰かの恣意が入っていないか、見抜く必要があります。それには、緻密な神経と緊張感と、素早い頭の回転と判断力を必要とします。

【11】付加価値を生まないムダをなくせば進化は加速する

会社の運営にとって、付加価値を生まないことすべてがムダです。そして、すべての従業員が、付加価値を担う仕事を担当することが必要です。

ここで述べる付加価値とは、現在だけの利益を指すものではなく、将来的に会社の存続と成長に貢献する価値の事であり、例えば、教育でも、その内容によって従業員の行動や誇りや自信につながる内容であれば付加価値ですが、活用されもしないセミナーであれば、単なるコストです。

そして、給料も経費も生み出す付加価値の中からしか支払えませんから、付加価値のないムダな仕事には給料は支払えません。

会社の現場を担う従業員は、お客さまからの評価や商品価値の向上が付加価値に結び付く一方、現場に直接携わらない間接要員は、自分の仕事を通じて会社の仕組みを改善し、現場に働く仲間を常に支援し、費用や効率のムダをなくすことが付加価値を生み出すことになります。**戦略とは「不要（ムダ）な戦いを略すること」**であり、経営の針路として資源のムダをなくすために、戦略は細心に作り上げなければなりません。

官僚主義は付加価値を生む責任を担わない仕事から芽生え、その不公平感が組織内で空気感染します。従業員の皆さんは、経営リーダーの行動が付加価値に結び付く内容であるかどうかを厳しく見つめています。贅沢な社用車や、立派な応接室、地域や業界との頻繁な付き合いやゴルフ、会社の存続と成長の知恵やヒントにならないようだと判断したら、ムダと映り、組織すべてに伝染します。

【12】多ければムダが出る、少なければ知恵を出す

（1）成果＝知恵＋カネ（経営資源）

経営資源は多ければ安心感から必ずムダにつながり、反面、少なければ工夫して知恵を出します。「成果＝知恵＋カネ（経営資源）」です。経営資源が少なければ少ないほど、知恵と工夫で補って成果と付加価値を作り出し、存続と成長を実現しなければなりません。

小さな会社は、商品とお客さまが出合う現場で、「情報を活用した活きた時間」を使って知恵を出し、苦境に陥らぬように知恵を絞り、仕組みを工夫して信長のように経営資源の回転率を高めます。ヒト・モノ・カネという経営資源を同じ時間内に、2倍にも3倍にも回転率を上げて使うことで、大きな会社にも引けを取らない力を出すことができます。

時間による経営資源の回転率が、後述する「ゼロ」を「∞（無限）」に換えた冒険者たちの成功の本質です。知恵も出さず仕組みもなく、大きな会社と同じ成果を求めて、従業員のサービス残業に期待していては、「ブラック企業」になります。

（2）儲からない会社ほど、倉庫と事務所が立派

日本の自然は限りなく美しく厳しいと思います。祖先は農耕民族として穀物などの貯えを持つことで、風雪水害、地震、干ばつ、飢饉など、幾多の苦難を乗り越えてきました。日本人は、この不安感の強い農耕民族の遺伝子のためか、「もったいない」と在庫を持ち、島国のため逃げ場がないので、「仕方がない」と諦めが早いように思えます。しかし、「二度とそのような災難に遭いたくない」と、懸命に「創意工夫」する民族ではないでしょうか。

「もったいない」という言葉は、環境分野で初のノーベル平和賞を受賞したケニア人女性、ワンガリ・マータイさんによって、世界共通語「MOTTAINAI」として広められ、素晴らしい取り組みが行われています。

一方、日本は食料自給率が40％以下、江戸時代の自給自足経済であれば人口３５００万人しか養えません。とすれば、９０００万人分の食料を直接的間接的に輸入に頼っていることになりますが、輸入量とほぼ同じ量だけ、食料を廃棄しています。まだ世界には飢えで苦しむたくさんの子供たちがいるのに、これこそが「もったいない」のではないでしょうか。

会社でも、使いもしない設備や土地を買い、売れもしない商品や原材料を調達した挙句、

捨てるのが「もったいない」と倉庫を広げ、保管し、移動し、在庫に計上し、借入金の金利を支払っていることこそ、「もったいない」のです。

製造・卸・小売りと業態は違えども、**会社運営の「本質」は、常に「適時・適品・適量（ジャスト・イン・タイム）」**にあります。「売る時に、売る商品が、売る量だけ」「作る時に、作る原材料が、作るだけ」あれば良いのです。

（3）売れることはお客さま任せ、売ることは自助努力

「売ること（自律的、計画的）」と「売れること（他律的）」は、天と地ほど異なります。

「今月は売れなかった」という話をよく聞きますが、「売らなかった」のかもしれません。

常に消費動向を見ながら「売る」だけの原材料と在庫を持ち、計画的に納期内に商品を作り、納めるのが製造業です。

「売る」時に合わせて、「売る」だけ商品を調達するのが、卸・小売業です。

「売る」時、原材料や商品在庫が不足するのは、機会損失でなく「計画のミス」であり、改めることができます。

一方、雨乞いのように「売れる時（他律的）」に備え、過剰な原材料や商品在庫を持てば、大きな倉庫が必要になり、保管や移動、棚卸、期限・品質管理が必要となり、さらに「売れ

なかった時」、売れ残りを処分するために、多くの利益を失います。

販売する計画力、販売した情報の活用力、調達・物流機能が弱い会社ほど、「売れる時」に備えた在庫を多く持ち、大きな倉庫を建て、付加価値を生まない間接人員を増員し、後追いの始末に汲々とする、ムダが多い儲からない会社になります。

しかし実は、このムダは、仕組みによって利益に転換できる含み資産です。一刻も早く利益に転換する仕組みを作り上げることをお勧めします。

立派な社屋、大きな倉庫や間接人員は、儲けてから揃えても遅くありません。

【13】一時しのぎと先送りという逃避ですべてを失う

長期的・根元的・多面的に、真剣に取り組む必要がある課題ほど先送りしがちですが、その**先送りは、「今は何もしないことを意思決定」**したということです。

放っておけば、明日には何事もなかったかのように解消してしまう問題や、昨日と変わらない内容の仕事に多くの時間を割きながら、会社の存続に関わる重要な問題や「明日の準備」という複雑で知恵を必要とする課題の解決を、一時しのぎで取り繕うか先送りしてしまう傾向があります。

今後、２０４０年までの20年間をみたとき、消費は減り続け、労働人口は減少し加齢します。時流に先駆けて今、手を打てば、損益分岐点比率を毎年1％下げるという少ない努力で解決できる課題も、明日になればもっと過大な負担と、多大な労力を必要とします。

家電・重電にまたがる伝統的な企業における長年の粉飾決算と原発事業の多大な損失は、いつか業績が上向いた時に解決しようと歴代の経営者が一時しのぎと逃避に終始し、解決を先送りした怠惰の結果です。

【14】それでもお客さまと市場は動いている

市場とは、「需要と供給と競争」です。

需要は、社会と生活の影響を受けてお客さまがもたらしますし、喚起することもできますが、「適時・適品・適量」の提供ができなければ、需要をつかむことはできません。そして、供給の量と質の差が、競争です。

「市場」はお客さまの生活に即して、常に変化しています。

販売の月別の指数は可処分所得に比例しますから、そのサイクルを知って、準備することで、「市場」の動きを事前にとらえることができます。

製造業と卸売業は、可処分所得が高まる約2～1カ月前に製造と調達のピークを迎えますから、製造計画と販売計画を生活者の生活のサイクルに合わせて考えることをお勧めします。

「情報と時間」によって売上高は変わり、経営資源の配分は「情報と時間」に従います。

一般的に7月と12月にボーナスが支給される企業や事業体が多くありますから、6月と11月の給与は、その半月後に支給されるボーナスを見込んで、余裕が生まれ、自由に使える可処分所得が増加します。もちろん、ボーナス支給月は可処分所得がピークに達し、12月給与は、年末調整で還付があれば、豊かな正月を迎えることができます。

従って、小売業の新規開店は可処分所得のピークを控えた4月と10月が多くなり、当然、開店商品を納める卸売業と製造業は、その前に販売ピークを迎えます。

反面、GW直後とお盆・正月後は、里帰りやレジャーによる多大な出費の後遺症と、近日中にまとまった所得が見込めないことで、控えめで質素な生活になります。

市場は、お客さまの所得サイクルと、社会的な心理変化の中で毎日動いているのです。

【15】変わらない人間の本性が歴史を作っている

歴史とは、人間の本性が織りなす物語です。そして、人間の本質はいつの世も変わらないために、歴史は繰り返します。

ドイツの鉄血宰相、オットー・フォン・ビスマルクの言葉の「愚者は経験に学び、賢者は歴史に学ぶ」と述べている歴史とは、成功談でも失敗談でもありません。歴史を作り上げた人間の本性に目を向けることの大切さを語っています。

時代が変わっても飽きることなく人間が求め続けるものは、「富」と「名誉」であり、歴史を変えるきっかけは、「富」と「名誉」による「驕り」と「嫉妬」です。

大きな会社の倒産の歴史から学ぶことは、社会に大きな変化を起こし、成長した会社が、ある日突然、変化についていけなくなることです。大衆消費社会のシンボルであったダイエー、液晶テレビで世界中を席巻したシャープ、歴史と伝統を誇りとした東芝、どの企業をとっても、競争に敗北したというより、お客さまから期待されなくなったことが「敗北の本質」です。

では、なぜ期待されなくなったのか？　魅力がなくなったからです。

では、なぜ魅力がなくなったのか？　変わらなかったからです。

会社でも国家でも、成長や繁栄を実現すると「驕り」が生まれ、それは怠惰で保守的な思考と行動を生み出します。

成長と共に専門分化した仕事の中に官僚主義が芽生え、東芝の経営者の何代にもわたる粉飾決算のように、会社やお客さま以上に自分を守ることに懸命になり、会社全体を長期的・

総合的に見る人材が少なくなり、ついには、お客さまの顔すら見えなくなるために、お客様の変化に気づかぬまま、魅力を失い衰亡します。

「水は低きに流れ、やがて淀んで腐る」のが、自然と歴史の本質です。

【16】針路を確かめ「ゆっくり急ごう」

会社の経営には、一緒に目標を目指す仲間たちを「その気にさせる」ための説得が必要です。しかし、まず、自分自身が自分を説得できていること。「決意」と「ロマン」に納得していること。そして、自分が自分自身を信頼していることが大切です。

説得力とは、結局自己信頼から生まれます。

ゆっくり、自分の「決意」を確認し、目標を設定し、ムダのない針路（戦いを略す＝戦略）を組み立て、ビジネスモデルの実現のための「仕組み」を作り上げます。

その時に必要なことは、「運」を作ることです。それは他人に頼らず、幸運を当てにせず、「決意」を実行する中で、社会と会社と人生で、今と未来に起こり得る考えつく限りの最悪の事態を想像し、想定することです。それでも勝算があれば、即実行です。**想定した最悪の事態に至らなければ運は悪くありません**。

それればかりか、思いもかけずチャンスが生まれたり、心温まる助言をいただいたり、仲間の強い支援があったりで、さらに運が良いと信じ抜くことです。
事業を失敗する人にありがちなのは、他人を当てにし幸運を当てにした結果、こんなはずではなかった、運が悪い、と悔やむことです。考え抜かない事、他人を当てにすること（他力本願）は、潜在意識が一層の不運を呼び込み、必ず破たんします。

構想はゆっくりと最悪の事態を想定し、行動は迅速にそして急げ。

第2章

回り道を選び「ゼロ」を「∞（無限）」に換えた冒険者たち

〈冒険者たちの軌跡から「進化の本質」をつかむ〉

【17】遠くの星を目指して歩き続けたら、知らない国に着いていた

「中小企業」という呼び名は「中小企業基本法」に定められた法律用語ですが、そこに働く私たちの「志」や日頃の「努力」まで、中小だと決めつけているようで、私は非常に不愉快に思っています。

日本経済の基盤は、中・小規模の企業（350万社、就業者数3300万人）にありま す。中小企業と称される私たちが生み出す付加価値と雇用の場としての存在価値は、大企業（1・1万社、就業者1400万人）をはるかに凌駕しているのです。

そして、どんなに大きな企業でも、創業した時は「小さな会社」であったはずです。ですから、この本の中では、冒頭から一貫して「**今はまだ小さな会社**」、と表現しています。

すべての会社は「まだ小さな会社」だった頃、勇気に満ちた冒険の時代がありました。唱えるだけの夢は決して叶いませんが、**「ロマン」という名の「決意」は、必ず叶う**ことを立証した冒険者たちがいました。

冒険者に共通する、3つの特徴があります。

①貧乏から出発し、明日のために質素倹約し、正しい情報で時間を短縮し、持てる経営資源すべてを何回転もさせて、最大限活用した
②分不相応な大義と決意に満ちたロマンを掲げ続け、諦めが悪かった
③本気でロマンと悩みを語れる相棒がいた

I　サム・ウォルトン：ウォルマート・ストアーズ創業者

「どこにでもいるような普通の人たちの力」だけで、誰にもできなかったことを成し遂げ続けている、世界最大の小売業を創り上げた

生没年：1918〜1992年
決意：「世界で最良の店を作る」「人々の毎日の生活水準を向上する」
相棒：バド・ウォルトン

企業業績から学ぶこと

①総資本交叉比率が、あたかも計画されたようにほぼ30％と一定である

・総資本交叉比率＝総資本回転率×総資本営業利益率

②売上高営業率が、あたかも計画されたようにほぼ5％と一定である
・5％の営業利益を絶対値とし、販売価格引き下げと計画的投資と従業員に還元
③売上高経費率があたかも計画されたように20％とほぼ一定である
・徹底した倹約と計画的な投資と経費支出が組織風土
④粗利益率があたかも計画されたように25％とほぼ一定である
・営業利益率を計画通り確保し、倹約により経費率を一定に収め、その原資で売価を計画的に引き下げ、積極的な投資を行い、「エブリデイ・ロープライス（毎日が低価格）」を実現し、他企業の追随を許すことなく顧客からの信頼を得ている

ウォルマートは、全世界27カ国に1万1000以上の店舗を展開し、230万人の従業員（アソシエイツ）が働き、先進国の国家予算に匹敵する売上高を実現している世界最大の小売業です。

創業者サム・ウォルトンは、第二次世界大戦が終結した1945年、27歳で軍隊を退役し、夫婦二人で倹約して蓄えた6000ドルと妻の父から借りた2万5000ドルで、地価の安い片田舎に150坪の雑貨店を開きました。

住民が3000人ほどの過疎の町に、「世界で最良の店を作る」「人々の毎日の生活水準を

向上する」という途方もなく「分不相応」な大義とロマンを掲げたのが始まりでしたが、設立45年後の1990年には売上高と利益で世界一の小売業に育て上げ、1992年にがんで亡くなるまで、現場で学び、創業の決意と情熱を持ち続けました。

彼は「後発企業であることの特権」を活かし、お客さまと店舗運営のために、小売業に限らず**優れた先進企業の取り組みの「本質」を現場で学び、改良し、自社の原則（プリンシプル）に作り上げました。**そして、**必ず約束した成果目標を実現する**ことで、「どこにでもいるような普通の人々」の力だけで、誰にもできなかったことを成し遂げ続ける企業を創り上げました。

ウォルマートの基本原則は「**エブリデイ・ロープライス（毎日が低価格）**」「顧客満足保証」、それを支える基盤は、「**エブリデイ・ローコスト（毎日が低コスト）**」です。

質素倹約する目的は、常に足りない経営資源を、従業員の生活の改善を含む「明日の準備」のために優先的に配分するためであり、アソシエイツを説得し、納得と協力を得ながら、現在もなお日常の「ムダ」を徹底的に排除し、「時間と情報」と「物流と調達」を高度化し続けています。

【18】どこにでもいるような普通の人たちが、誰にもできなかったことを成し遂げる

全世界230万人のアソシエイツがお客さまの声に耳を傾け、信頼され、約束した成果目標を実現し続けるという「マネジメント」を、想像することができません。

創業者が1992年に没してからもなお、世界最大の小売業として売上高と営業利益を毎年更新し、コンビニエンスストアのようなフランチャイズ制ならともかく、全世界で毎日1万1000店舗を運営することは、**特別な人々だけによる特別な努力では実現できないこと**です。

自社の人工衛星による「情報活用」と、世界一の運送会社といわれる「物流網」に裏付けられているとはいえ、小売業は「お客さま」と「商品」が出合う現場＝店舗で働く従業員の力がすべてです。

有識者は「マニュアル」による「標準化」が優れていると、あたかも「見てきたように」解説しますが、それだけでは230万人の真摯な努力を説明できません。

サム・ウォルトンは「世界で最良の店を作る」というロマンに満ちた決意を示し、「常に常識を疑い」「他企業の良い事例からお客さまが望むことの本質を見抜き、盗み」「普通の人々が当たり前に行える仕組みと原則を作る」という、**「ひたむきな工夫」を組織に遺し、**

その遺伝子が成長を促しているとしか考えようがありません。

【19】「家計シェア（家計に占める比率）」が、お客さまからの支持率

「売上高＝客数×買上金額」という方程式は、すべての事業に共通します。

ウォルマートの競争企業は、「客数の増加」による「市場占有率（シェア）向上」という指標を、競争力の「常識」として用いていました。そして、出店競争、利益度外視の価格競争、広告の乱発という一時的な客数増加のために多くの労力と経営資源を費やしていました。日本でも多くの企業が、人口減少という厳しい前提条件の変化に直面しながら、いまだ客数増加により市場占有率を高めることが競争の「常識」と信じているようです。

しかし、人口３０００人、世帯数１０００戸ほどの、その場しのぎの安易な価格競争が通用しない過疎の町から出発したウォルマートは、**「エブリデイ・ローコスト」という、他人を当てにしない自らの努力**（現場サービスと情報網と物流網）によって実現できる恒常的な低価格「エブリデイ・ロープライス」を武器に、「顧客満足保証」という約束を掲げ、全世界の世帯から「高い購入金額（家計シェア）」という信任を確保し続け、地域のお客さまは家計消費の50％以上をウォルマートで購入しています。

【20】「徹底した質素倹約」は、お客さまと明日のためだけに

会社の競争力の原点は、現在お客さまが困っていること（悩み）、将来お客さまが困るであろうこと（心配と期待）を解決するための**「商品を製造し選別する力」**と、**「信頼できる価格を実現し続ける力」**です。

ウォルマートは、お客さまの生活の中から生まれる要望を満たすためには「情報活用」と「物流網」が必須であると事業の本質を見抜き、出店費用がかさむ厳しい資金難の中でも、常に「明日の準備＝優先投資」を絶やさず、計画的に成長しています。

１９８０年代初頭、お客さまの買上情報の収集とその活用を目的として、小売業で初めてバーコードを採用しました。また、国防総省に負けないコンピュータシステムを導入し日々の販売データを分析して活用し、迅速なクレジット決済を実現しました。また、自社の通信衛星を利用して、販売時点で世界各地の店舗情報を把握し、協力企業と共に「リテールリンク」という商品調達システムを全世界に張り巡らせ、翌日納品を実現するため、物流センターと配送トラックを管理し、**「お客さまが欲しいものを、欲しいときに、欲しいだけ買える体制」**を実現しています。

反面、ウォルマート本社は質素な建物であり、役員やマネジャーも出張は飛行機のエコノ

ミークラスを利用し、安宿に泊まり、「優先すべきものは何か？」を知り尽くした「目的が明確な倹約」を当然としています。

【21】自分を自分自身にとって信用に値する人間にする

サム・ウォルトンの生涯は、自分を自分自身で信頼できる自分にする戦いであったようです。経営者は「不言実行」では勤まりません。常に自分の「決意」に込めた「想い」と「思想」を分かりやすい言葉で伝え、行動で示してアソシエイツ（従業員）を説得し続けなければならない責任があります。まさに、「有言実行」です。

人間は結局、何を言ったかではなく、何をしたかで判断されます。普段、会社のためとか、国や市民のためとか立派なことを言っても、むしろ、立派なことを言えば言うほど、約束の時間に一度でも遅れたら、その後の信用はありません。

彼は、会社独自の原則を作るために毎日、小売業に限らず、優れた企業を訪問しました。そこで優れた取り組みを発見しては必ずメモを取り、さらに改善し、自社店舗で「原則」に作り上げました。そして、その行動をもって、アソシエイツにも協力を求めました。

「エブリデイ・ローコスト」は、「エブリデイ・ロープライス」と会社の未来のために必要と訴え、質素倹約を会社の原則としましたが、一番質素なのは彼自身でした。**すべて、「有**

言実行」に勝る「実行有言」を貫きました。

この世の中には4種類の人がいます。あなたはどのタイプですか？

①自分に厳しく、ひとに優しい人

②自分に厳しく、ひとに厳しい人

③自分に優しく、ひとに厳しい人

④自分に優しく、ひとに優しい人

彼は、いつも「自分に厳しく、ひとに優しい」自分自身であろうと努力していたようです。

【22】「後発の特権」で先進企業から盗み、改良し、独自の原則と仕組みを作る

ウォルマート第一号店の出店は1962年と遅く、当時アメリカ最大の小売業は、シアーズローバック（1893年開業、1980年代初頭まで全米第1位の小売業者）でした。同業態にはＫマート（1899年開業、2002年倒産）、ターゲット（1902年創業の百貨店の老舗 デイトンズが 1962年にディスカウント販売部門として設立）がありました。

ウォルマートは最後発であり、資金も人材も不足していたために、先進企業のように大都市近郊の人口の多い地域に出店することができず、地価と人件費が安い、田舎商売に徹することとなりました。その間、「後発の特権」を活かし、同業種や他産業の優れた取り組みか

ら小売業の基本とその本質をつかみ、より優れた仕組みに改良し、自社独自の原則をコツコツと積み上げました。

GE（ゼネラル・エレクトリック）の成功事例から、「ベンチマーキング」という言葉が流行りましたが、「カンバン方式」「成果主義」導入に見られるように、「本質」を学ばず、単なるモノマネをして「ムダ」な時間を浪費している会社を見受けます。

ウォルマートもGEも**良い事例、優れた技術だけを他企業から盗み、改良し続けています。**他企業の失敗から学ぶものは少なく、それは「人よりマシ」という相対的な自己満足にすぎません。

Ⅱ　豊田喜一郎：トヨタ自動車創業者

生没年：1894〜1952年
決意：「日本人の手で国産自動車を作る」
相棒：大野耐一（石田退三、神谷正太郎）
企業業績から学ぶこと

①本来、見込み商売ですが、「適時・適品・適量」のジャスト・イン・タイムによって、1カ月分の製品及び部品在庫しか持っていません。典型的な「受注商売」の在庫管理を実現しています。
②質素倹約とムダの排除により、計画的に売上高経費率を10％にコントロールしています。
③2014年、リーマンショックの後遺症から抜け出て、計画的に営業利益率5％以上を実現しています。

1923年（大正12年）に発生した関東大震災で、東京の鉄道は壊滅的な打撃を受けました。東京では路面電車に代えて、米国フォード社から800台のトラックを輸入、市バス「円太郎バス」として営業を開始。自動車の実用性と公共性と利便性が広く知られることとなりました。

この自動車需要の急増を受け、フォード社は1924年に、ゼネラルモーターズ社（GM）は1927年に日本国内で自動車の組み立てを開始しました。

一方、日本メーカーによる国産車製造は、「快進社」「白楊社」「実用自動車製造株式会社」によって進められましたが、原材料・部品などの産業基盤が整わない中、解散のやむなきに至りました。

東京で関東大震災に遭遇した豊田喜一郎は、震災後の復興を目の当たりにし、自動車の実用性と将来性を確信し、**日本の産業育成のカギとなる自動車産業をアメリカ資本に委ねることなく、「日本人の手で」作り上げることを決意しました。**

彼の父、豊田佐吉が紡織機製造を「ゼロ」から決意したのと同じ動機でした。

【23】分不相応な大義ある「決意」が会社に自信と誇りを作る

トヨタ自動車の真の創業者、豊田喜一郎（二代目社長）は、日本の発明王と称される豊田佐吉の長男に生まれました。父と共に貧乏な中で開発したG型自動織機の特許権を英国の紡織機メーカー、プラット社に譲渡することで得た10万ポンド（現在価値に推計換算するとおよそ100億円）を元手に、関東大震災から10年後の1933年、豊田自動織機製作所の中に、自動車製作部門を設置しました。

アメリカから完成車を輸入して分解し、試作の準備に取り掛かったものの、現在のように自動車産業を支える素材や部品メーカーはなく、すべての部品を「ゼロ」から自前で作る必要があり、協力を依頼する企業には、日本の自動車産業の未来を説得しなければなりませんでした。

そして、彼の決意は「日本人の手で国産自動車を作る」ことにより、**自動車を頂点とする**

素材産業や部品産業という産業基盤を育て、技術立国としての日本経済を作り上げることにありました。

1933年から1952年に亡くなるまでのわずか19年間で、「ゼロ」から日本の自動車産業のすべての基盤を作り上げました。

【24】「決意」から必要なことのすべてを逆算する

日常困難な問題にぶつかると、実践もしないうちから、できない理由をカバンいっぱいほど主張する者がいます。忙しいから、過去に前例がないから、挙句の果てには家族が病気だからとか、やらないための言い訳をします。どうしても人間は、これまでの習慣や常識を変えることを嫌がります。

しかし、豊田喜一郎は「日本人の手で、国産自動車を作る」という決意を、技術者や工場従業員、販売員に情熱をもって説き、**その目標から逆算して、今解決すべき課題は何かを、すべて自らが先頭に立って実践することで針路を示しました。**

そして、部下と一緒に油にまみれて、製造現場で毎日難題に取り組みました。ひたむきな、すごい説得力です。

使用量が少ない自動車向け鋼材は、溶解用電気炉と圧延機を使って製造、板金・組立・機械仕上げ、材料試験もすべて自前です。多軸ボール盤、自動旋盤、精密中ぐり盤など工作機械も、製造方法に合わせてすべて手作りし、その技術がのちに豊田工機株式会社へと発展しました。

また、直流発電機やスターター、配電器、点火コイル、コンデンサーなどの電装品も自前で開発し、その技術が株式会社デンソーへと発展しました。

さらに、豊田喜一郎は「自動車に関する化学的なことはすべて自前で開発する」と針路を定め、タイヤ、チューブ、ファンベルト、クッション、内装材、レーヨン繊維、ブレーキオイルまで自前で開発しました。

19年という短い時間を、他人《ひと》の何倍にも生きたのではないでしょうか（『トヨタ自動車75年史』より）。

そして、このすべての試行錯誤と創意工夫が、「カイゼン」の原点になりました。

【25】貧乏がジャスト・イン・タイムという発想を生み出した

2～3万点もの部品から自動車は出来上がっていますが、そのうちの一つでも欠ければ完成車はできません。かといって、万一のために部品在庫を持っていたら、たとえ一個ずつでも、2～3万点もの在庫のために、倉庫は際限なく大きくなり、在庫管理に多大な労力と時間を必要とします。

ムダと過剰のない製造、「間に合えばよい、余分な製品は作るな、余分な在庫は持つな」「必要な時に、必要なモノを、必要なだけ、後工程が前工程に取りに行く」ために、カンバン方式が出来上がりました。「適時・適品・適量（ジャスト・イン・タイム）」は、「自働化」と共に、トヨタ生産方式を構成する主軸です。

ただし、製造業は販売する計画の精度が高ければ「受注商売」の構造に近づくことができますが、読者の皆さまの多くは小売業や卸売業や飲食・サービス業など、顧客動向に合わせた「見込商売」が多いと思われます。常にお客さまの要望に応じて、あるいは先回りして、在庫と労働力を準備しなければなりません。

しかし、どうしても農耕民族の不安遺伝子が安全を求め、在庫を持ちたがります。売るための計画や情報が不十分であれば、24時間・年中無休で在庫を切らさないよう、サービスを行う人員の不足がないように余剰在庫を持ち、「手待ち」という余剰人員を抱えることになります。

その結果**「見込商売」は、余剰在庫と余剰人員のために値入率を高くせざるを得なくなり、**

商品価格が高くなり、お客さまに負担いただくことになるか、敬遠されるかです。

（1）計画と販売情報の精度を高め、「売る時に、売るモノを、売るだけ」揃える

売る計画もタイムリーな販売情報もなく、「売れる時に、売れるモノを、売れるだけ」準備していたら、過剰在庫か品切れ、過剰労働力か過重労働を招き、不採算になるか、もしくはブラック企業になります。

月度指数を基に「単品別（単品管理）」に売る計画と在庫計画を作り、品切れをなくしながら計画的に販売することができれば、余剰在庫の管理や見切り処分費用が低くできます。幸いにも計画以上に売れてしまった時は、お客さまに深くお詫び申し上げ、追加手配して配達させていただくことができます。

（2）固定客を増やし、「見込商売」の一部を「受注商売」に置き換える

生協の計画購入制度は「受注商売」です。固定客が定期的に購入していただく商品は、「受注商売」に移行できます。ですから、**固定客が多いほど「見込商売」比率は下げることができます。**

健康食品通販業の「計画購入制度」も固定客による「受注商売」であり、売れることが決

まっている「受注商品」であれば、来年の販売計画も製造計画も物流計画も立てることができ、過剰在庫や機会損失、過剰労働時間も残業時間も必要なくなり、販売価格の引き下げが可能となります。

「見込商売」の価格構造を活かしながら、「受注商売」のコスト構造を取り入れる方法を、業種に応じて、現場の現実を踏まえて検討されることをお勧めします。

【26】「後発の特権」で先進企業から盗み、カイゼンし、独自の原則と仕組みを作る

豊田喜一郎は、敗戦により自信を失った日本人と一緒に、日本の産業技術の独立を味わいたいと考え、だからこそ「日本人の手で、国産自動車を作る」という決意を掲げました。普通の人間が聞けば「大風呂敷」であり、「大ぼら」です。

しかし、風呂敷は畳まなければなりませんし、実現しようとする想いが募り、話が大きくなってしまうのが「法螺（ほら）」、実現する気がない大きな話は「ウソ」です。

豊田喜一郎の決意は、明治維新のリーダーと同じように何もない「ゼロ」からの出発でした。そこで、明治維新のリーダーと同じように、優れたものから学びました。

それも、フォードやGMから安易に技術供与を受けるのではなく、アメリカ製の出来上がった自動車を分解し、「原理と本質」を学び、設計図を作り、カイゼンし、一品一品、確

かなものを創り上げました。

1933年には33年型シボレー乗用車を分解し組み立て、再び分解し、再び組み立てることにより「構造」と「原理」を学び、必要部品をデザインし、設計図を作り、自社製造に向かいました。エンジンは内燃機関の原理に忠実な構造のシボレー車から、トラックシャーシは丈夫な構造のフォード車から、乗用車のデザインは先端的な流線形スタイルのクライスラー車から学びました。

そして、苦心惨憺の試行錯誤の末、海外文献を参考にして、シリンダヘッドを改良し製造したところ、手本としたシボレー・エンジンを上回る高出力を実現できました。

豊田喜一郎は「自助努力による独自の技術開発が工業の発展を促す」「**苦心して完成までもっていった者には、なおそれをより良く進歩させる力がある**。しかし、人のモノを受け継いだ者は、楽をして知識を得ただけに、さらに進んで進歩させるという力や迫力には欠ける。日本の工業の真の独立を図るためには、この迫力を養わねばならない」という信念のもと、1936年、多額の借金を抱えているにもかかわらず、東京芝浦に研究所を設立しました。

そこではドイツ車の分解、飛行機の空冷エンジン、ヘリコプター、オートジャイロ、ロケットなどの航空関係の研究も行われていました。

Ⅲ　スティーブ・ジョブズ：アップル創業者

生没年：1955～2011年
決意：「世界中の 誰もがコンピュータを使う社会にする」
相棒：スティーブ・ウォズニアック、ジョナサン・アイブ（デザイナー）
企業業績から学ぶこと
①知恵と情報以外持たない、「持たざる経営」のモデルです。40％の粗利益率、10％の経費率は、計画的にコントロールされた「常識外れ」です。
②総資本回転率が0・8と低いのは、現預金などの流動資産が多いためと推定、実質的な総資本回転率は、非常に高いと思われます。
③「持たざる経営」として棚卸資産は、わずか4日間で一回転し在庫リスクは極めて低いのが特徴です。過去の失敗から学んだ原則を武器にしています。

彼は、スタンフォード大学の講演で「点をつなぐ」という言葉を学生に贈りました。人生の中で思い悩み迷った道の中で、今日につながる貴重な「点（ドット）」を作った、という示唆です。

Ｍａｃの最大の特徴である多彩なフォントは、中退した大学で興味をもち熱中したカリグラフィ（書道）から、経営者の座を追われる原因となった不振在庫の山は、情報と物流を活用した「持たざる経営」に、ＮｅＸＴ社で取り組んだＯＳは、アップルの基幹ＯＳになりました。

決意のために「点」を打ってきたのではなく、**「決意」を諦めず、その時々で懸命に取り組んだことが一つひとつ深い「点」**になり、「世界中の人々がコンピュータを使う社会にする」という、創業時からの「決意」の実現につながったということではないでしょうか。

【27】諦めの悪いことが「成功の第一条件」

スティーブ・ジョブズほど、変化に富んだ生涯を送った人物はいません。

「世界を変える」という情熱で、技術オタクの相棒、スティーブ・ウォズニアック氏と１９７５年自宅のガレージから起業し、１９７６年アップルコンピュータを設立しました。

20代で今日のパソコンの原型を世に送り出して大成功。フォード自動車以来の「アメリカン・ドリーム」の体現者となりました。

その成功もつかの間、１９８４年後半、主力機マッキントッシュの販売予測失敗による過剰在庫を原因として赤字決算を招き、従業員の５分の１をレイオフせざるを得なくなりました。

そして、１９８５年、自らが口説き落として招いた経営者ジョン・スカリー氏によって、実質的に製品開発から外され、経営権をはく奪され、１９８６年、青年期のすべてを賭けて育て上げたアップルに辞表を提出しました。

しかし、「世界中の誰もがコンピュータを使う社会にする」という「決意」を諦めきれない彼は、アップルコンピュータから得た６５０万株すべてを売却した資金を元に、１９８６年、「ピクサー社」と「ＮｅＸＴ社」を設立しました。


ピクサー社は、ルーカスフィルムで「ジュラシック・パーク」などのコンピュータ・グラフィックス（ＣＧ）を担当していた部門を１０００万ドルで買収して会社を設立し、ジョブズ氏は動画作品の制作を始めました。

１９９１年、ディズニー社にＣＧアニメーション提案を採用され、５０００万ドルの個人資産と４年の歳月をかけて、１９９５年、「トイ・ストーリー」が封切られました。

ピクサー社は、映画封切り直前に株式を上場。2006年5月、ディズニー社がピクサー社を買収、ジョブズ氏自身もディズニー社の個人筆頭株主となり、役員に就任しました。

NeXT社ではワークステーション開発を目指し、キヤノンとロス・ペロー氏から1億2000万ドルという巨額の出資を引き出しましたが、高い製造コストによる高額な製品は業績不振を招き、全社員530人のうち280人をレイオフせざるを得なくなりました。やむなく、1993年にハードウェア部門はキヤノンに売却し、ソフトウェア開発に特化しました（社名NeXTソフトウェア）。

その時、自社開発で暗礁に乗り上げていたアップル社の次世代OSとして「NEXTSTEP」を提案し採用されたことを受け、1997年2月、アップル社にNeXT社を売却すると同時に、非常勤顧問として古巣アップルに復帰し、2011年にすい臓がんで亡くなるまでのわずか15年間に、**これまでのコンピュータと情報の概念を根こそぎ「破壊」**し、iPhone、iCloud、iTunesを創造し、彼の創業の「決意」を実現しました。

本当に、諦めが悪いとしか言いようがありません。並の人間だったら、次の局面で自己満足するか諦めているでしょう。これらの誘惑を断ち切り、彼がアップル社で成し遂げたかったことは「決意」を実現することでした。

①アップル社の成功により、20歳代で巨額の富と栄誉を手に入れたとき
②アップル社の経営権をはく奪されたとき
③ピクサーの成功による株式の上場により、多額の創業者利得を得たとき
④ピクサー社をディズニー社に売却し、多額のディズニー株式を得たとき
⑤NeXT社をアップル社に売却し、多額のアップル株式を得たとき

【28】「破壊と創造」によって過去の「常識」を無用にする

私自身が過去に購入したもので、ジョブズにより破壊され無用になったものの一例は、次のものです。

・フロッピーディスクドライブ付きのパソコン
・コンパクトデジタルカメラと記録媒体（ソニー製）
・デジタルムービー（パナソニック製）
・ボタン式携帯電話（カシオ製）
・カセットテープ、カセットテープレコーダー（ソニー製）
・音楽CD、CDプレーヤー、CDコンポステレオ（ソニー製）
・音声レコーダー（ソニー製）、PDA（IBM製）

２００８年からの世界同時不況を受けて、米国大手自動車会社ＧＭ（ゼネラルモーターズ）とフォードが連邦破産法第11章の申請を行った時、世界中が驚いたのは、窮地に陥りながら、申請のため、連邦裁判所のあるニューヨークに経営者が自社の自動車ではなく自家用ジェット機で駆けつけたことでした。

「彼らは本当に自分の会社の車に乗っているのか？」と世界中がその再建に疑問を感じました。

なぜなら、**自社の製品や商品やサービスを開発し、一番詳しい人間でなければ、さらに使いやすく改良できません。**そして、その陳腐化にいち早く気づくことができません。さもなければ、ライバル企業に「後発の特権」で追い越されてしまいます。

【29】絶対妥協を許さない最も手ごわい自分というお客さま

ソニーはトランジスタ・ラジオ、ウォークマンなど、その発想と先駆的技術で、お客さまが「こんなものが欲しかった」と唸る製品を世に送り出してきました。

お客さまは、自分が本当に欲しい商品なんて、目の前に出されるまで気づきません。

高度経済成長期の家電企業は、「マネシタさん」と言われるように他社の新製品を模倣（パクリ）し、「足し算的」に少しだけ機能を追加することで目先を変え、価格を安くすることで「市場シェア」を拡大しました。

マスメディアはその状況を「ソニーモルモット論」と笑いましたが、ソニー創業者、井深大はその風評を気にせず、「マネされるよりも速く、次々と新しい利用価値が高い製品を開発すれば良い」と達観していたそうです。

前述した豊田喜一郎の言葉は、井深大にもジョブズにも共通します。

「苦心して完成までもっていった者には、なおそれをより良く進歩させる迫力がある」

自社製品を一番愛し、一番厳しい顧客だったのが、ジョブズでした。製品開発においては、週末に試作品を受け取り、自分が試して、週明けには問題点と改良点を指摘する。そして、再び週末にチームが懸命に改良した試作品を受け取り、自分で試して、週明けに再び改良点を伝えました。一番うるさく手ごわい顧客である自分自身が納得するまで「ノー」を言い続け、妥協することはありませんでした。

ジョブズは音楽好きで、ボブ・ディラン、ジョン・レノンのファンであり、ウォークマンで聴くためにたくさんのカセットテープをいつも持ち歩いていました。

きっと、自分の不便という悩みを解消するために、ウォークマンの開発思想をさらに進めたiPodを作り、iTunesを作り、iPhoneに発展させ、「決意」に近づいていったと思われます。

「多くの発明は、既存の知恵と技術の新しい組み合わせ」

顧客にとって、「こんなものが欲しかった」と言っていただける着想と商品構想は、それそのものが「発明」です。

多くのデジタル家電メーカーは、スマートフォンを作り上げるすべての技術を持ち合わせていながら、その専門分化が障害となり、お客さまの不便や悩みを解決するという目的に結び付ける総合的な創造性と構想力をもつことがなく、アップルのようなアイデアを生み出せませんでした。

ボタンだらけの単一機能の電話（ガラケー）や、バッテリー寿命の短いデジタルカメラ、たくさんの音楽テープ、いちいちＬＡＮケーブルに接続しなければつながらないインターネットのままで、お客さまが10年後も満足しているとでも思っていたのでしょうか？

残念なことですが、iPhoneが発売されてすぐ、世界のデジタル家電メーカーは競って「スマートフォン」を発売しました。しかし、「サルマネやパクリ」は「後発の特権」とは言えません。

【30】心（姿勢）は細部に宿る

ジョブズの言葉に、「偉大な大工は、見えないからと言ってキャビネットの後ろにちゃちな木材を使ったりしない」があります。すべてが最善な仕事しか認めないというこだわりは、徹底したものでした。彼は、「人間はプライドと職を懸けた時、最高の仕事をする」ことを確信していました。

これは、「性悪説」でも「性善説」でもなく、「人間の本質」への信頼です。

だから、部下の仕事を何度も却下し「ノー」と言い続ける。提案者が信念を持っていない企画や提案には「ノー」を言い続けました。「iPod」という商品名も、採用されるまでに何度も却下されたそうです。

マッキントッシュの開発に当たっては、誰も覗くはずがないマザーボードのデザインや配線にも気を配りました。そして、利用者が見ることのない場所のプレートに、開発に携わったメンバーの名前を刻み込みました。

シンプルであるには、複雑化するよりも大変な努力が要ります。

相手と話をするときも同じです。簡潔に整理し、想いを込めて短い言葉で相手を説得する努力は、話す相手の興味と納得を得ることができます。考え抜かれた話や製品は、シンプルで分かりやすくなります。

製品作りの考えを整理し、「足し算」より、限られた製品サイズの中に必要な機能を絞り込むための「引き算」が求められます。不要な部品を除きながらも、必要な機能のすべてをコンパクトに納める、デザインと技術力が必要となります。

【31】お客さまはすべて正しい。お客さまが気づかない商品はすべて失敗

アップル社の製品デザインは、相棒であるジョナサン・アイブが担当しました。

製品は、ただテクノロジーだけでは、お客さまに受け入れてもらえません。これまでは、使いこなせないほどの新機能や目を引くデザインや色が販売力につながると信じ、それが「常識」とされてきましたが、アップル製品はこの「常識」すら破壊しました。

「良いモノを見れば、偽モノが分かる」

機能性と美しさと取扱説明書のない、直感的な使いやすさを兼ね備えた本物が、新しい「常識」となりました。

私の可愛い小学生の孫たちは、iPhone、iPadをコンピュータとは思っていません。まるでゲーム機のように動画を見たり、ゲームをしたり、勝手に新しいソフトをダウンロードしたり、取扱説明書も不要で、直感的に使いこなしています。

私が小売業で学んだ中から、お客さまが商品を購入するプロセスをご紹介します。

「注目」⇓「興味」⇓「連想（使う姿を）」⇓「欲求」⇓「比較（他製品と）」⇓「信頼（店と商品）」⇓「決定」⇓「購入」

まずは、商品陳列の中でアレっと「注目」され、「興味」を抱いていただかないと何も始まりません。そして、自分で触ってみて、使い心地を確かめ、欲しいと思った時、タイミングよく、優れた機能と他製品との比較について、販売員の方のシンプルな説明があれば申し分ありません。もし、複雑な説明がなければ、使い方が分からない商品は、敬遠されるし、見向きもされません。

展示されているテレビのリモコンを見ると、ボタンがいっぱいで、スライド式の隠しボタンまであります。どのボタンを触ってよいのか、下手に触ると誤作動を起こし、爆発しないか不安になります。日本の家電メーカーが北京オリンピック以降、テレビ事業において韓国製品に敗れたのは、機能と価格を「足し算」した日本製品に比べ、韓国製品は機能を絞り込み、価格を「引き算」し、扱いやすくしたことにあります。

【32】先人から盗み、改良し、独自の思想を創る

1999年10月5日のイベントの冒頭のスピーチで、ジョブズはソニー創業者、盛田昭夫の逝去に追悼の言葉を述べて、トランジスタラジオやトリニトロンやウォークマンなどの革新的な製品が、アップルに大きな影響を与えたと讃えています。

「人は何を言ったかではなく、何をしたか」ですが、ジョブズの行動の中に、盛田昭夫が与えた影響の大きさを知ることができます。

①ソニーは、海外第1号となるショールームを、ニューヨーク5番街に開店しました。そしてアップルストアは、海外第1号店を、銀座3丁目に開店しました。

②ウォークマンの不便は、たくさんのカセットテープを持ち歩かなければならないことでしたが、iPodはその悩みを解消しました。

③コンパクト化の技術は、ソニーの特異な強みでした。アップルの製品デザインの特徴も、「コンパクト化」「ミニマム化」にあります。

④ジョブズのトレードマークは、三宅一生氏デザインの黒のタートルネックです。ジョブ

ズと三宅一生氏のデザインの出合いは１９８０年代、彼がソニーの工場見学の時に見つけた従業員のユニフォーム（ブルゾン）でした。

袖を外せばノースリーブになるというデザイン。彼はそれを無理やりねだって、貰って帰りました。その後、三宅一生氏にユニフォームを注文し、アップル社の制服にしようとしましたが、残念ながら従業員に受け入れてもらえませんでした。

でも、それ以来、三宅一生氏デザインの黒のタートルネックにリーバイスのジーンズ、ニューバランスのスニーカーをトレードマークとして着続けたといいます。

１９９７年、アップルに復帰して初めての大きなキャンペーンが「Think Different」でしたが、そのＣＭの中で、世の中を変えた17人の天才たちが紹介されました。その、先人たちに捧げたジョブズのメッセージをご紹介します。

「クレイジーな人たちがいる。反逆者、厄介者と呼ばれる人たち。四角い穴に丸い杭を打ち込むように、物事をまるで違う目で見る人たち。彼らは規則を嫌う。彼らは現状を肯定しない。彼らの言葉に心を打たれる人がいる。反対する人も、称賛する人も、けなす人もいる。しかし、彼らを無視することは誰にもできない。なぜなら、彼らは物事を変えたからだ。彼らは人間を前進させた。彼らはクレージーと言われるが、私たちは天才だと思う。自分が世界を変えられると本気で信じる人たちこそが、本当に世界を変えているのだから。」

（アップル社が日本語版で使った訳）

彼は、自分の歩んできた「決意」への道のりを確かめつつ、この文章を作ったように思います。

第3章

毎日、自分と会社に問いかける2つの質問

P・F・ドラッカーが見抜いた経営の本質は、「マーケティング」「イノベーション」「マネジメント」です。

「マーケティング」とはお客さまを知り希望を知ること、「イノベーション」とはお客さまの要望を叶えるために会社を変革し進化すること、そしてそれを実現する仕組みと行動が「マネジメント」です。

Ⅰ　お客さまは誰？　何に困り、何に期待しているのか？
〈お客さまの本質とは〉

【33】お客さまの生活者としての顔を見つめ、生涯を通じて信頼していただく

（1）賢い「生活者の時代」
人口が着実に増加し消費が拡大した時代には、「マスマーケティング（大衆志向）」と「マスプロダクション（大量生産）」のもと、よりたくさんの商品を販売するために商品の領域と種類を拡大し、価格競争に打ち勝ち、客数を増加し、市場占拠率を高め、「規模のメリット」で「競争優位に立つ」ことを目指してきました。

そして、この過去の時代のお客さまのとらえ方は、顔の見えない「大衆」「消費者」「中流階級」「団塊の世代」という「塊」でした。

しかしその「常識」は、人口減少・超高齢社会の急速な進展という前提条件の転換を受けて「非常識」となり、人口動態から見ても、日本は二度と「大衆の時代」を迎えることはありません。

そして**これからは、必要なものはほとんど保有し、情報を自由自在に使える、賢い「生活者の時代」です。**

お客さまの期待することや困っていることがわからない、お客さまの生活者としての顔をイメージできない会社を、お客さまは必要としなくなりました。

（2）お客さまは、「困っていること」「期待すること」のために商品を買う

図１　すべての事業に共通する経営の公式

売上高＝客数×買上金額
　＝（固定客＋新規顧客）×（買上点数×１点単価）

スーパーマーケットに夕刻来店されるお客さまの80％近くは、夕食の献立を決めていません。何が欲しいかは、目の前に出されるまで本人も気がつきません。

お客さまは「困っていること」を解決するために店舗に来店し、通信販売で商品を選びます。本人にも、それが何か分からないから、「期待していること」を発見できたとき、「こんなものが欲しかった」と買い物の楽しさを味わいます。

ほんの数年前まで、出張には大変な重装備が必要でした。携帯電話、デジカメ、移動中に音楽を聴くための携帯プレーヤーと音楽テープ、メールを会社に送るためのパソコン、それぞれの予備バッテリーと充電器とケーブルが必要でした。そんなものだと諦めていました。それが現在は、スマートフォンと充電器だけです。

「**こんなものが欲しかった**」。なぜ、優れた技術をもつ日本の家電企業が、世界に先んじてスマートフォンを創り出せなかったのか不思議です。

会社の競争力の原点は、現在お客さまが困っていること（悩み）、将来お客さまが困るであろうこと（心配と期待）を解決するための「**商品を製造したり選別する力**」と、「**信頼できる価格を実現し続ける力**」です。

国富論でアダム・スミスが述べた「**見えざる手**」**の正体は、**「**需要と供給**」、そして「**お客**

さまの期待を実現するための競争」です。

【34】量的な総合化により、お客さまの顔を見失った百貨店と総合スーパー

（1）進みすぎると専門性をなくす総合化の罠

１９５７年、ダイエーの創始者、中内功が４００万円の資本金で「主婦の店・大栄（ダイエー）薬局店1号店」を、大阪市の千林商店街に開店しました。

「価格破壊」を旗印に、高度成長による物価の上昇に悩むお客さまのために、低コストによる低価格を実現し、全国に店舗網を拡げ、取り扱い商品を衣料品・住居余暇用品・食料品まで拡大し、モータリゼーション（車社会）時代のワンストップショッピングを武器に、市場占拠率を高めました。

そして創業から、わずか15年後の１９７２年8月、江戸時代の延宝元年（１６７３年）、現在では当たり前になっている現金正札販売を世界で初めて実現した革新的小売業、三越百貨店の売上高を抜き、「小売業日本一」となりました。

チェーンストアシステムによる低価格・低コストを武器に、「西友ストア（２００８年ウォルマートの完全子会社）」「イトーヨーカドー（現セブン＆アイＨＤ）」「ジャスコ（現イオン）」「ニチイ（マイカル２００１年9月破たん）」「長崎屋（２０００年2月破たん）」な

ど、家庭生活全体を対象として、時はまさに「量と規模の競争」の時代となりました。

しかし、お客さまはチェーンストア同士の価格競争もさることながら、生活の中で困っていることを解決するために買い物をしていますが、**生活水準と共に要求水準が高まり**、いざ、大型店に買い物に行っても、「こんなものが欲しかった」と思うような発見が少なくなりました。

やがて、「何でも揃っているが、何も欲しいものがない」と不満を抱くようになりました。

(2) 企業の進化の輪：総合化の罠

これは、米国の経営学者、マルカム・P・マクネアが提唱した、業態の進化を説明する理論で証明されています。

低コストの新規事業者が、低コストだからこそできる低価格を武器に市場に参入し、高コストの既存企業の売り上げを奪って成長します。

■図2　日本型総合スーパーの衰亡期の姿

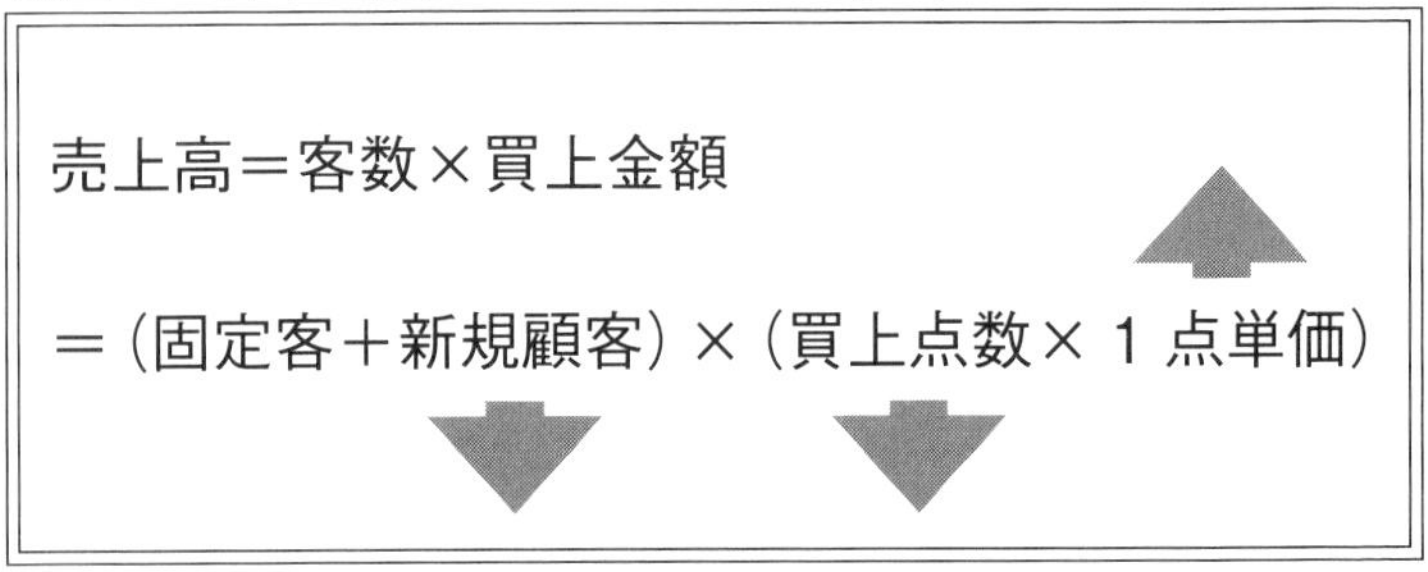

そこで、同じ手法で低価格を実現した企業が続々と参入すると、品揃えやサービスを巡る競争が激しくなり、高コスト体質になります。そして、やがて新たに低コストにより低価格を実現した新規企業が市場を奪い、輪のように業態の進化が進むとしています。

日本の小売業態の変遷は、百貨店から総合スーパー、そして専門店と、「小売りの輪」理論に示す通りの歴史をたどってきました。そして、製造業や物流業もその輪の中で革新という進化を進めてきました。

ウォルマートが創業以来取り続けている「エブリデイ・ローコスト」による「エブリデイ・ロープライス」という戦略は、常にウォルマート自身が昨日のウォルマートを超えることが「存続の原則」であり「進化の本質」であることを証明しています。

【35】ウォルマートは、家計のすべて（家計シェア）をお客さまにした

お客さま：人口の少ない競争相手の少ない田舎の低〜中所得層の家庭

⇓日常の家庭生活での必需品を中心とした品揃え

⇓高所得層の高級志向には対応していない

ウォルマートのビジネスモデルとは、「毎日が低コスト（エブリデイ・ローコスト）」により、「毎日が低価格（エブリデイ・ロープライス）」を継続し、進化し続けることです。

①毎日が低価格（エブリデイ・ロープライス）で、1点単価を引き下げ

②継続する1点単価の低価格化によって固定客に信頼され

③ローコストな田舎立地で多店舗展開し、さらに新規顧客を拡大し

④雑貨から生活必需品全般に品揃えを拡大して、買上点数を拡大し

⑤店舗サービスを充実し、「顧客満足保証」により固定客の信頼を高め

⑥**家計内消費の50％以上の「家計シェア」を維持し続ける**

【36】Amazonは「∞（無限）」に自己増殖するお客さまを創り上げた

Amazonの最初のお客さまは書籍の購入者でしたが、なぜ、取り扱い品目を書籍としたのでしょうか？　そこには、したたかな確信があったと思われます。

■図3　ウォルマートの戦略

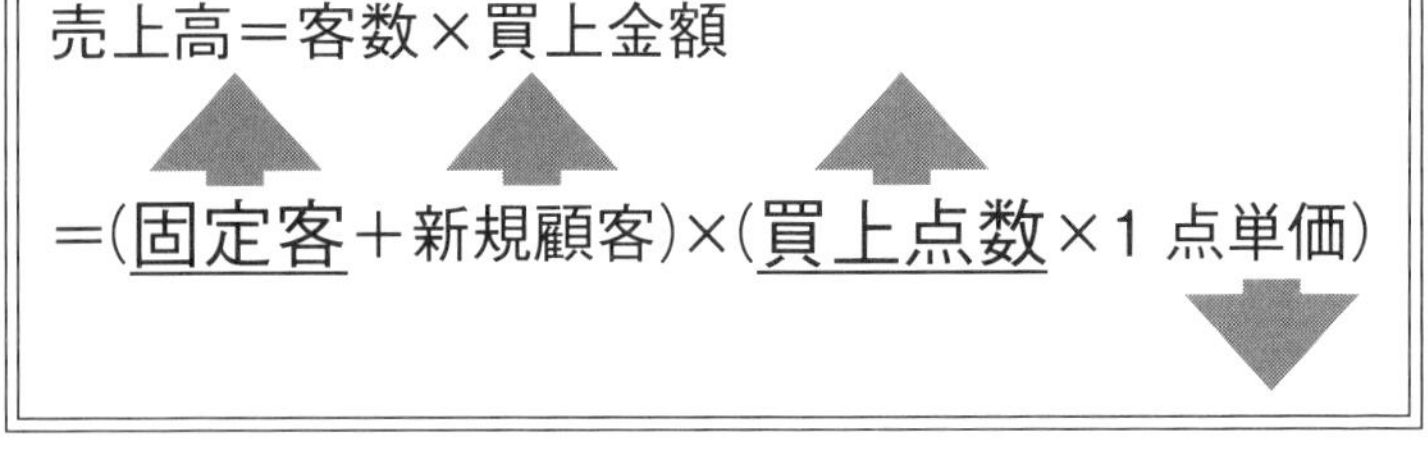

■図4　Amazonの戦略

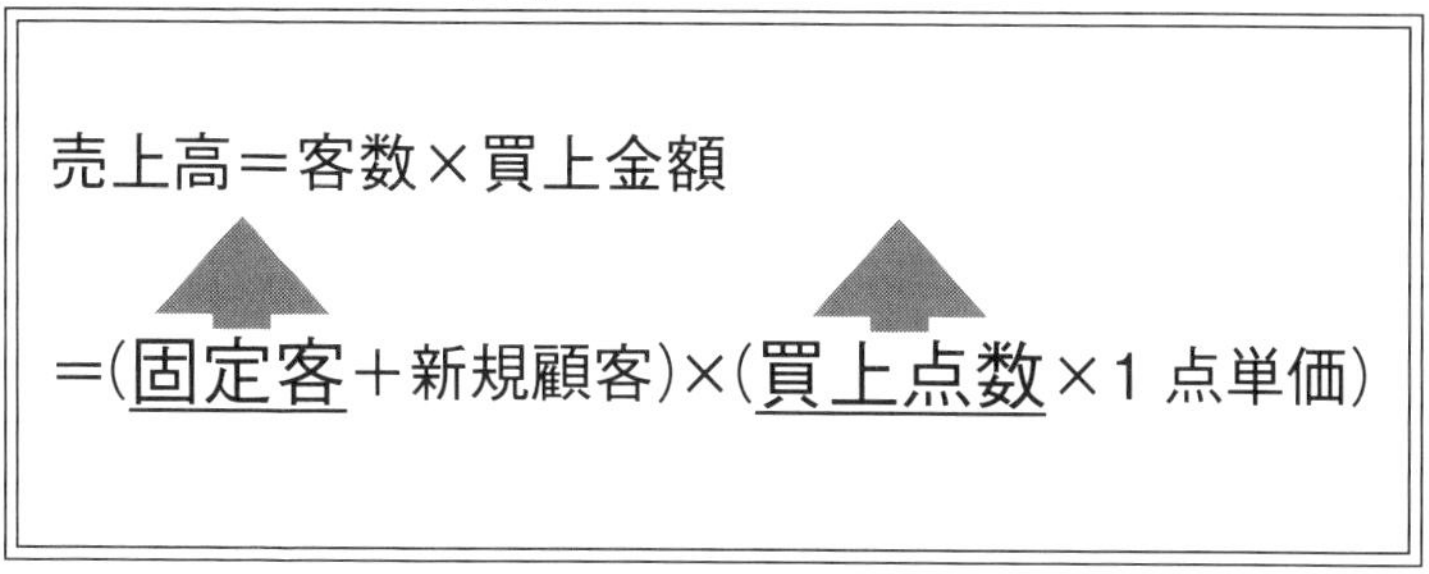

①書籍を購入するお客さまとは、「標準以上の所得」と「知識を必要とする階層」です。年齢や性別や職業という、従来のマーケティングの「常識」的な切り口を「破壊」し、「書物を読みたい人、読まなくてはならない人」としています。

②大きな書店に行くと、目的の書籍にたどりつくまで大変な苦労を強いられます。

最近は検索システムを備えた書店が増えましたが、それでも、検索結果のレシートをもって、レイアウト図に従い、棚番と陳列位置を探す手間は苦痛です。

だから、タイトル名が分かっている本は、Amazonで購入するようになります。

翌日には送料無料で届けられ、出張中など、重い書籍を持ち歩かなくても済みます。しかし、どんな本が欲しいのか決まっていない時、書店には「こんな本が欲しかった」という「発見」があります。

③日本では定価販売で価格競争がありません。毎月大量の新刊書、雑誌が発売され、書店にとっては「新製品」です。その「新製品」の販売促進は出版社が行いますし、新聞などパブリシティの後押しも期待できます。

④作者や出版社を基軸にした関連販売が容易で、購買履歴を活用して「受注商売」に切り替えることもできますし、購入した書籍の傾向から「お客さま」一人ひとりの嗜好や趣味が透けて見え、文房具やパソコンの消耗品など関連した商品群を提案することで、**「顧客の生涯購入金額」**を拡大できます。

⑤書籍1点当たりの単価が比較的高いため、売上高物流費率が低く、通販向きです。実は、**Amazonは書籍販売を通して、お客さまの消費傾向を常にマーケティング調査し、お客さまの顔がしっかりと見えている会社です。**

【37】トヨタは自動車を通じて「人生の夢と努力」をお客さまにした

（1）「いつかはクラウン」は憧れの階段

トヨタの素晴らしいコマーシャルがあります。石坂浩二さんの出演による、「いつかはクラウン」です。

1960～1970年代の高度経済成長期、「頑張れば明日は今日より良い日にできる」

という、希望が持てた時代の憧れを表現したものです。

当時のトヨタの車種は、価格の順番にカローラ⇒コロナ⇒クラウン。分かりやすい車種構成なので、カローラに乗った人は、努力して次にコロナに乗ろうと思い、コロナに乗った人は、さらに次はクラウンに乗れるように努力しました。

このコマーシャルの狙いは、生涯にわたって**「努力をすれば憧れに近づけるという長期的な上昇志向を持つトヨタのファン」を作る**ことだったように思います。新たな顧客を開拓し、そして、その上昇志向を階層的に受け止め、1人当たりの生涯購入金額を増やすことになります。

これほど長期的なファンを作り、売上に貢献できるコマーシャルとは知らず、その通りに頑張って、憧れを実現した方が多いのではないでしょうか？

■図5　トヨタの戦略

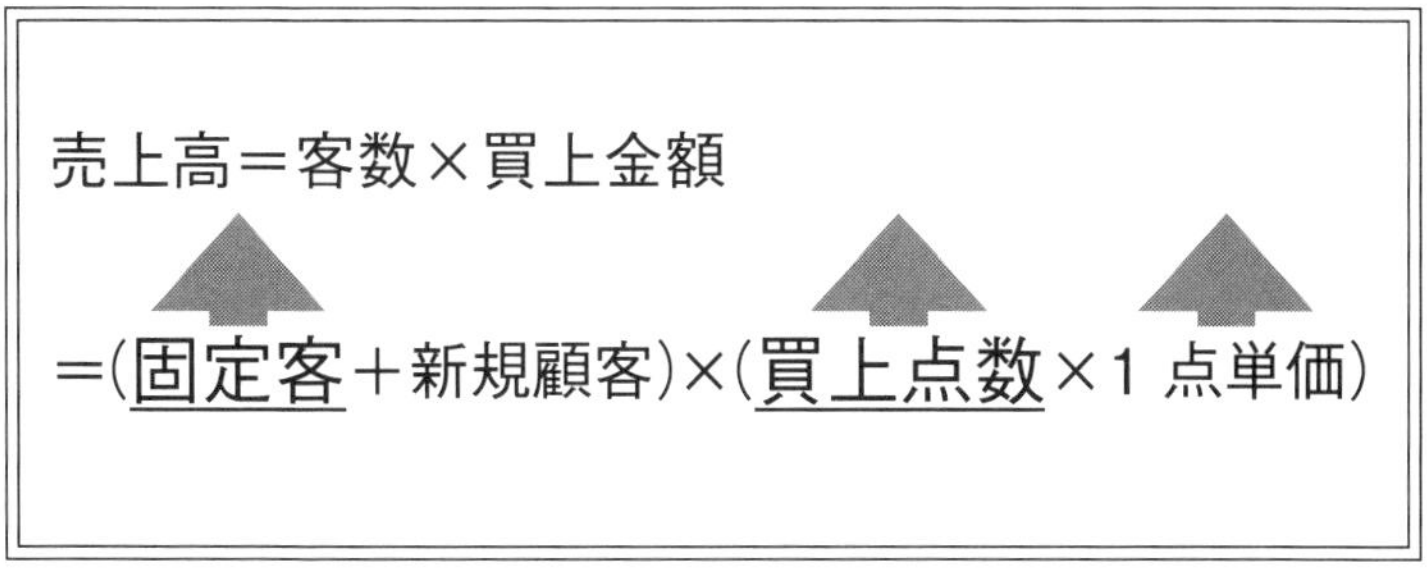

（2）お客さまが購入しているものは、自分の努力に対するご褒美

売上高＝客数（固定客＋新規顧客）×客単価（1点単価×買上点数）の公式で考えてみます。

①上昇志向を持つ固定客を増やす
②カローラやコロナといった車種を含めて新規顧客を獲得する
③車種のグレードが上がって1点単価が上昇する
④階層をたどって、生涯の買上点数が増加する

Ⅱ　お客さまのために何ができるのか？〈進化の本質とは〉

【38】価格はお客さまが認めた価値で決まる

「お客さまが認めた価値＝（機能＋品質＋使い心地＋好み）／価格」を実現するために、二律背反（トレードオフ）・矛盾を克服できる力をもつことが「進化」です。

お客さまが求める以上の機能や品質は過剰品質であり、それに伴って価格が高くなるのでは、価値は下がります。製造業の皆さまによる製品へのこだわりと創意工夫が、技術立国

「日本」を支えてきました。機能を付加し、品質を高め、日本製品、あるいは海外委託製造製品は、「生活者」の要望を十分満たしていることから、国際的評価が高い時代がありました。

しかし、高度経済成長期の成功体験による「常識」そのままに、使い切れないほどの機能を付加し、「足し算」的にモノづくりを進めることで、「生活者」の要望以上の過剰品質を高い価格で販売することになり、価値を下げ国際競争力を失いつつあります。

お客さまは、一定の価格の中で品質と機能に優れた価値の高い商品を見抜きます。**品質と価格の「二律背反（トレードオフ）」を克服することがイノベーションといわれる進化です。**

そして今、より一層のイノベーションが必要な時代となっています。

・価格＝労働人口減少による人件費の上昇、世界規模の価格競争
・消費＝人口減少・超高齢化による消費市場の縮小、労働人口減少による家計所得の低下
・供給＝中進国の成長に伴う供給量の増大、モノ余り
・競争＝お客さまの要求の高度化と世界規模の商品競争

【39】差別化とは、信頼される会社だけに認められる価値の差

地デジへの転換をチャンスとばかりに、日本の家電メーカー各社は「足し算」的にテレビの高機能化・高彩度化を進めました。その結果が、操作ボタンだらけのリモコン、細かい文字の分厚い操作マニュアル、高い販売価格であり、製品の購入者は余計な悩みを増やすことになりました。

家電メーカー各社は、家電量販店に操作方法の説明のために販売員を派遣し、販売促進経費をかけていましたが、現在、テレビ部門で利益を上げ続けている企業は希少となりました。それどころか「亀山モデル」で一世を風靡したシャープは、台湾の鴻海グループに組み込まれてしまいました。

イノベーションの目的は「進化」であり、創意・工夫・改善によって、お客さまが手頃な価格で品質の良い愛着が湧くデザイン、使いやすい商品を製造し販売できることです。高機能化にまい進した日本企業を尻目に、韓国企業（サムスン、ＬＧなど）が、シンプルでデザインも良く、低価格の商品で、世界市場を拡大しています。

イノベーションによる成果とは、「お客さまの喜ぶ笑顔」です。そしてそれが「顧客満足」であり、「生活者のご要望」に応えることの本質です。

【40】現場の仕組みを支える、情報と物流：ウォルマートの進化

（1）「どこにでもいるような普通の人々」が、誇りをもって働ける仕組み

・世界27カ国の多様な従業員（アソシエイト）に、共通の価値観と仕事

・お客さまへの対応と売り場作りに専念できる後方支援体制（情報と物流）

・商品のもつ意味はお客さまの生活にある、という価値観

・お客さまを大切にする前に、アソシエイツを大切にする

・**素晴らしい仕事があるのではない。素晴らしく仕事をやる方法がある**

（2）リテールリンク（販売時点情報による調達システム）

・販売時点情報を、世界中のすべてのサプライヤーが共有

・毎日、商品供給者によるオークションで調達価格を決める

・自社の通信衛星、国防総省に引けを取らないコンピュータとその活用

（3）「売る時に」「売る物を」「売るだけ」

・POSシステムを世界で一番早く導入し、自動発注システムを実現

・店舗後方在庫を持たない、日次の配送体制
・特売品はトレーラーで配送し、積卸の手間を省き、そのまま保管
・まずセンターを作り、一日以内で配送できる範囲だけに店舗を開店
・P&Gという、強力なパートナー

【41】お客さまの顔を知り尽くした、Amazonの進化

(1) 商品領域の拡大:書籍を買う人への関連商品販売

最初は書籍から始まりましたが、購入する書籍の傾向から自社のお客さまの生活を知り抜き、その広がる要望に先回りして、ストーリーをもって取扱商品領域を拡大しています。

Amazonの現在の商品領域は、次の通りです。

・書籍・コミック・雑誌・電子書籍リーダー
・パソコン・PCソフト・オフィス用品・タブレット端末・事務用品・文具
・家電・カメラ・AV機器・DVD・楽器・ミュージック
・スポーツ・アウトドア・趣味・ゲーム
・ベビー・おもちゃ・ホビー
・服・シューズ・バッグ・腕時計

・ホーム・キッチン・ペット
・食品・飲料・酒類・ドラッグ・健康食品
・車・バイク

(2) 受注体制の改善

・膨大な品目から、目的の商品を「瞬時に」「詳細画像をもとに」検索する仕組み
・会員として書籍を購入するときに登録した「個人情報」(氏名・年齢・住所・電話番号・メールアドレスとクレジット情報)が、販売の基幹プラットホームとなっています。従って、購入実績のある固定客は、その信用情報をもとに「ワンクリックで今すぐ購入」できます。クレジットカード情報や、届け先の住所入力などは不要です。
・24時間体制のカスタマーサポート。パソコン上で「電話でのお問い合わせ」をクリックして表示される画面に、「電話番号」と「呼び出しのタイミング(いつ電話を受け取れるのか)」を入力すると、Amazonから折り返し電話がかかってきます。長い待ち時間やデジタル音声応答の問題点は、克服されています。
・会員に対するアカウントサービスとして「領収証発行機能」があり、注文実績に基づいて領収証がいつでも発行できます。企業経理に配慮した仕組みです。

（3）高度な物流機能

・速い

首都圏で朝注文して、在庫があると表示された商品であれば、「キョウクル」、大半の地方都市でも「アスクル」です。配送状況を確認する必要もありません。

・安い

２０１０年11月より、Amazonがプライムとして直接販売・発送する商品の配送料は無料です。つまり、すべての商品が配送料込みの値段であり、配送料有料の他社商品と比較して同等の価格であれば、その分が割安となります。

・確実

この物流網を築くために、全国に10カ所を超える物流センター（ＦＣ：フルフィルメントセンター）と専用倉庫を運営しています。

・ローコストと効率

すべてのセンターが、フリーロケーション（定位置を決めずコンピュータで在庫とピッキングを管理）で保管効率と入出庫スピードを向上し、**時間が競争力の基盤**となっています。

【42】人口減少・超高齢社会は進化のチャンス

(1)「時間」「情報」「物流」が、新たな進化をもたらす

「時間」と「情報」と「物流」を武器に、国をも越えて新たな業態が台頭しています。Amazonによる書籍と雑貨、淘宝網《タオバオワン》によるアジア最大のショッピングサイト、楽天市場によるマーケットプレイス、iTunesによる音楽と映像配信。

コンビニエンスストアは、国内で5万7000店舗（郵便局数2万4000局の倍以上）に増加し、家庭のストック代わりとなり、書籍・宅配の受け取り拠点化、不便な銀行や公共事業に代わって預金の引き出しや公共料金の支払いなど、これまでの家庭生活上の不便を解消しています。

(2) 人口減少・超高齢社会における進化の方向性

人口が減少し高齢化するこれからの日本において、必要となるイノベーションは、次の通りです。

①固定客の買上金額向上＝会社と製品に対する信頼＝買上点数×買上単価
②高齢者が困ることを解消する製品とサービスによる新たな市場

健康管理、衛生管理、ケータリング、各種届出作成提出代行
③非婚者の増加に合わせた日常生活市場
時間市場、余暇市場、ＳＮＳの活用
④労働人口の減少に備え、労働装備率の改善と競争力に関わらない仕事の外部化
経理業務、労務関連業務（社会保険料、税金計算業務）

第4章

今はまだ小さな会社が進化するための「6つの本質」

I　経営の本質

【43】人口減少率以上に損益分岐点を下げなければ存続できない

（1）人口政策がない日本という国の経営

「国という事業体」を経営する時、国民人口は消費と労働力供給の源泉です。人口政策のもと、人口と年代構成と地域分布を把握しバランスを取り、教育や産業振興という施策で国民の生活と安全を守り、その向上を使命としなければなりません。

この使命を果たすために「国という事業体」は、多大な運営費用を必要としますが、正しい施策の恩恵を受ける国民は、等しく納税の義務を負うことになります。国民は単なる徴税の対象としてではなく、**「国という事業体」の存在目的であり、人口動態の維持・改善という人口政策は、「国という事業体」を経営する基本です。**

（2）人口ボーナスと高度経済成長がもたらした繁栄

「人口ボーナス」という指標があります。生産年齢人口が、その他の人口の2倍以上ある状況を指し、労働力の増加が生産力と個人消費の増大につながり、経済が自立的に発展します。**かつて日本の高度経済成長を実現できた原動力の本質は、日本特有の厳しい環境で育まれたレベルの高い勤勉性と、「人口ボーナス」でした。**

生産年齢人口とは15歳〜64歳の国民すべてを指し、この生産年齢人口を減少一途の労働力人口に転換する必要に迫られています。

ＪＥＴＲＯの調べでは、日本は２００５年、イギリス・ドイツは２００７年、アメリカは２０１４年に人口ボーナス期を終了していますが、中国は２０３４年、ＡＳＥＡＮ諸国は２０４１年、インドは２０６０年、アフリカに至っては２０８９年まで、人口ボーナスと「後発の特権」により、経済的にも国家としても発展する可能性が高いと思われます。

「後発の特権」とは、会社や国が向かう先に手本がある状態、あるいは、お手本が苦労した時間を節約できる状態です。日本は戦後、アメリカというお手本の技術と仕組みの本質を見抜き改善しました。そしてシンガポールは「ルック・イースト（日本を見習おう）」という政策により、現在国民1人当たりのＧＤＰは、日本の１・５倍もあります。

携帯電話が発達した今、中国やインドは、広大な国土・多くの人口のために個人の家庭まで電話線を引く必要がありません。すべて、「後発の特権（後出しジャンケン）」で、人口ボーナスが膨大な消費を保証しています。

（3）人口動態はすでに選択してしまった明日

人口動態の変化を国立社会保障・人口問題研究所の統計から見てみます。

このデータは5年ごとに、国民の協力により膨大な費用と時間をかけた国勢調査に基づいて作成され、「国という事業体」の中期5カ年経営計画の通信簿です。

経営者として見たとき、この貴重なデータは国の経営に活かされていません。

・1945〜1995年の生産年齢人口の増加4544万人（毎年91万

■表1　人口動態推計（国立社会保障・人口問題研究所資料）
（単位：万人）

西暦	国民人口		生産年齢人口		老齢人口		できごと
	総数	ピーク比	総数	総人口比	総数	労働人口比	
1945年	7,200	56.2%	4,182	58.1%	370	8.8%	敗戦
1964年	9,720	75.9%	6,558	67.5%	602	9.2%	東京オリンピック
1970年	10,370	81.0%	7,157	69.0%	733	10.2%	大阪万国博覧会
1989年	12,320	96.2%	8,575	69.6%	1,431	16.7%	ベルリンの壁崩壊
1995年	12,577	98.1%	8,726	69.5%	1,828	20.9%	生産年齢人口ピーク
2010年	12,805	100.0%	8,174	63.8%	2,948	36.1%	国民人口ピーク
2011年	12,275	95.9%	8,130	66.2%	2,976	36.6%	東日本大震災
2020年	12,410	96.9%	7,341	59.2%	3,612	49.2%	東京オリンピック
2030年	11,662	91.1%	6,773	58.1%	3,685	54.4%	
2040年	10,728	83.8%	5,787	53.9%	3,868	66.8%	老齢人口ピーク
2050年	9,707	75.8%	5,001	51.5%	3,767	75.3%	
2100年	5,077	39.6%	2,522	49.7%	2,037	80.8%	
2110年	4,427	35.3%	2,217	50.1%	1,770	79.8%	

人増加）が労働力を供給し、消費を拡大することで、高度経済成長を実現しました。
・１９９５～２０４０年の生産年齢人口の減少２９３９万人（毎年65万人減少）は労働力不足を招き、年金拠出金額は減少、年金制度は行き詰まります。
・２０１０年の国民人口１億２８０５万人をピークとして２０４０年には１億７２８万人（毎年69万人減少）に減少、消費の主体の減少で消費は減退します。
・２０４０年老齢人口が３８６８万人とピークになり、対する生産年齢人口は５７８７万人、生産年齢人口10人で、老齢者（65歳以上）６・７人を養う時代になります。
・２１００年には１１２億人（国連推計）にも増大する世界人口の中で、誇りとする人的資源でさえ、わずか０・４％弱という影響力の小さな国になります。

団塊の世代が生まれた１９４７年（昭和22年）～１９５０年（昭和25年）の間の毎年の出生者数は２７０万人、最近の出生者数は１００万人以下（１８８４年〔明治17年〕は97万人）で、ますます進む非婚化と少子化により、国民人口が増加する要因は見当たりません。

今後、人口構成から高齢化がさらに進むことは明白であり、年金原資を後世が負担するための人口増加があり得ない以上、年金制度存続のための選択肢は限られてしまっています。
①受給開始年齢の先送り

②受給金額の減額
③拠出金額の増額（事業主負担も増大）
④年金財政を補う税金の増額
の4つしかありません。
このような未来は、「団塊の世代」が生まれた1947年（昭和22年）からすでに決まっていました。しかし、これまで人口政策が国政の中心課題になったこともなく、そればかり か年金原資負担を後世世代に先送りした政策は、「国という経営」に人口政策が全く存在しなかったことを物語っています。

「繁栄の中に衰亡の種子が芽生えていた」という歴史の事実を痛感します。

（4）国との道連れを避ける

「過去と他人は変えられない。しかし、今ここから始まる未来と自分は変えられる」（カナダの精神科医であり心理学者のエリック・バーン）
好きな言葉ですが、残念ながら日本の人口の過去も未来も変えることができません。繁栄の中で国を経営として見ることなく、政治としてしか見ていなかったことから、最も基本的で重要な人口政策を「先送り」した結果です。

しかし、会社は「国という事業体」と運命を共にすることはできません。「会社という事業体」には大切な従業員という仲間とその家族がいるからです。

ここに、会社が取れる対策（残された道）が一つあります。

〈人口減少率に先んじて毎年１％ずつ損益分岐点比率を引き下げること＝毎年１％〉です。
・２０３０年人口１億１６６２万人／２０２０年１億２４１０万人＝94・０％
・２０４０年人口１億０７２８万人／２０３０年人口１億１６６２万人＝92・０％
都市部と地方では人口の減少度合いが異なり、過疎化は地方の深刻な問題です。高度経済成長期に、起業によって栄えた地方都市の商店街はシャッター街になり、郊外住宅は高齢者住宅に変貌し、一部は郊外住宅を売却して都心回帰しています。

人口減少以上に損益分岐点比率を下げる方法は、「事業目的や存在価値自体を見直す」「付加価値の高い商品を扱う・開発する」という、長期的に会社を作り変えることも念頭に置きながら、即効性のある効果的な方法を採る必要があります。

売上高が上がればば、補助金が入ればなどという「依存心」は、高度経済成長期の「常識」

として通用したかもしれませんが、すでに今では通用しません。

「国という事業体」の経営が当てにならないから行う取り組みなのに、国の懐（税金）を当てにするようでは、**急激に進む人口減少＝消費の減退の道連れになります。**

経営は常に「自己責任」「自助努力」です。逃避と依存は絶対禁物です。

まずは、付加価値を生まないすべての資産と行動を利益に転換することです。具体的には以下のムダを排除することです。

・ムダな間接的な仕事と人員
・付加価値を期待できない一部のお客さまと商品
・ムダな在庫と原材料
・ムダな上に固定資産税まで払っている遊休不動産
・ムダな上に整備費が必要な遊休施設と設備

今はまだ小さな会社を経営される皆さまには、毎年1％以上計画的に損益分岐点を引き下げ、**老いて小さく縮小する国の未来に向けて「エブリデイ・ローコスト」の経営基盤作りをお勧めします。もはや先送りはできません。**

【44】戦略とはムダな戦いを略すること

「戦略」という言葉が、日常に溢れています。私の本棚は、さながら激戦の戦場です。

・財務戦略
・人材戦略
・競争戦略
・ブランド戦略　などなど

日本語の熟語は、読んでイメージできる「直感性の高い言語」ですが、戦略とは読んで字のごとく、「戦さ」を「略する」こと。つまり、ムダな戦いを略し、経営資源をムダなく有効に使うことです。

目標に向けてムダのない道筋、つまり、**目標に到達する近道を見つけることが「戦略」**です。経営戦略とは、すなわち限られた時間でヒト・モノ・カネという貴重な経営資源をいかにムダなくフル回転させるかの針路を示すもので、その策定は経営リーダーの最も重要な仕事です。

【45】ロマンと大義（社会的な役割）がなければ息切れする

利益は、企業存続の条件であって目的ではありません。しかし、あらゆるリスクに備えながら会社を長期的に存続し成長するためには、計画的な利益が必要です。

前述の「『ゼロ』を『∞（無限）』に換えた冒険者たち」でもご紹介しましたが、彼らは何もない貧乏な中から、分不相応な決意を掲げて実現しました。

サム・ウォルトン：「世界で最良の店を作る」「毎日の生活水準の向上」

スティーブ・ジョブズ：「世界中のだれでもがコンピュータを使う社会にする」

豊田喜一郎：「日本人の手で国産自動車を作る」

その分不相応な大義（社会的な役割）は、存続と成長を支える従業員の一人ひとりが、使命感と連帯感とその会社の一員であることを誇りとする風土になっています。よく、「社会貢献活動」とか「環境保全運動」が叫ばれますが、**例に挙げた企業は、モノづくりや販売という本業で「社会的な責任（ＣＳＲ）」を果たしています。**

【46】変わらぬ信頼のために変わり続ける

（１）量的な充足を求める経営

①差別化が不必要な日用品は、最終的には価格だけが差別化要因となります。

従って、価格競争に恒常的に勝ち残るために、「毎日が低価格（エブリデイ・ロープライス）」を実現できる「毎日が低コスト（エブリデイ・ローコスト）」の事業構造を、イノベーション（創意工夫）によって作り上げなければなりません。

②品質は、信用と量を招く：プラスティックにも鮮度があります。

量的に充足した日用品の中でも、ライバル企業と同一価格であれば、使いやすい機能や品質の安定と向上は、他との差別化につながります。

同じ産地のジャガイモでも、7日前のものと昨日採れたものでは品質が異なります。同じメーカーの風呂桶でも、3カ月前のものと昨日入荷したものでは、品質が異なります。安く販売するために大量に仕入れたつもりが、店頭で陳列するうちにホコリが付き、紫外線で変色します。そして、付着したホコリをふき取る清掃と棚卸などの管理に手間がかかりますから、結局、**少量多品種をこまめに仕入れた方が、商品鮮度は新しくなります。**

(2) 質的な充足を求める経営

①ほとんどの新製品は、既存商品の不便を改善することから生まれています。

ティッシュもトイレットペーパーも量的充足商品ですから、価格競争の特売商品になることが多くみられます。しかし、しっかりとお客さまの顔を見ている企業によって差別化商品が開発されています。化粧用や荒れ性肌用や花粉症のために柔らかな、あるいは少し湿り気を加えたティッシュペーパーが、特売品よりはるかに高い価格で販売されています。

汚れがよく落ちる食器洗剤は手が荒れやすいなど、主婦は毎日の生活の中で「二律背反（あちらを立てればこちらが立たず」」の苦労をしています。日用品を使う中で、お客さまの悩みは少なくありません。**新製品の開発のヒントは、日用品の不便の中に眠っています。**

②ブームになった商品ほど陳腐化が速い

かつて、ルイ・ヴィトンのバッグ、バーバリーのマフラーは憧れであり「期待」を形にできる商品でした。しかし、大量に販売され、誰でもが常時身に着けるようになったとき、なぜか憧れの座を失ったように思います。

また、ユニクロのフリースは画期的な価格と品質で、それまで高価であった市場を変えましたが、大量に販売され、誰もが着るようになって、人気を失いました。人は他人の持ち物に憧れますが、自分の持ち物をマネされることを嫌います。男性化粧品も、ファンの年代と共に陳腐化します。特定年代層を狙った商品は、その年代層と共に老けてゆきます。MG5、マンダム、ブラバスなど、髪の毛の減少と共に商品も老け、加齢臭といわれてしまいます。

③変わらぬ信頼のために変わり続けるロングセラー

企業の平均寿命は24・5年と言われますが、それにもかかわらず、それ以上のロングセラー商品が存在します。マーケティングのブランド戦略には、市場で売上高№1、市場シェア№1という成果を上げているブランドが強いブランドだと書かれたりしていますが、むしろ私は、**企業の平均寿命を上回る商品こそが強いブランドだと思います。**

ロングセラー商品は、「顧客の生涯購入金額」を確実に高めています。その、先駆者である数々のロングセラー商品から「本質」を学ぶと、以下の点があげられます。

・いつも忘れずにお客さまの顔を見つめている（マーケティングの本質）

高度経済成長期に誕生した商品が多くあります。モノ的に充足していない時代、初めて使った、味わったお客さまの感動を裏切ることなく、維持され継続されています。

・一貫した目標に向けた改善と改良を繰り返している（イノベーションの本質）

1929年に初めて洗顔商品を開発した会社の経営に携わった時、お客さまから「子育てのため、肌の手入れの時間がなく肌荒れがひどかった時、義母から昔と変わらず良い商品だからと薦められて使っています」という感謝のお手紙をいただきました。製造業として誇らしい最高のお言葉であり、従業員全員と喜びを分かち合いました。

■表5　変わらないために変わり続けているロングセラー商品

美と健康		嗜好品		飲料	
商品名	発売年	商品名	発売年	商品名	発売年
宇津救命丸	1597	森永ミルクキャラメル	1913	三ツ矢サイダー	1884
養命酒	1602	グリコ	1919	キリンレモン	1928
正露丸	1902	パインアメ	1951	サントリー角瓶	1937
ニベア	1911	グリーンガム	1957	バヤリース	1951
メンソレータム	1920	グリコプリッツ	1963	コカコーラ	1957
ロゼット洗顔パスタ	1929	かっぱえびせん	1964	リポビタンD	1962
バスクリン	1930	グリコポッキー	1966	ハイニッカ	1964
ビゲンヘアカラー	1957	しるこサンド	1966	オロナミンC	1965
Ban(制汗剤)	1962	おにぎりせんべい	1969	ポカリスエット	1980
エッセンシャルシャンプー	1976	明治ブルガリアヨーグルト	1971	お～いお茶	1985

飲食		インスタントラーメン		ゲーム・キャラクター	
商品名	発売年	商品名	発売年	商品名	発売年
吉野家	1899	チキンラーメン	1958	野球盤	1958
寿がきや	1948	味のマルタイラーメン	1959	ウルトラマン	1966
松屋	1968	日清焼きそば	1963	リカちゃん	1967
すかいらーく	1970	エースコックワンタンメン	1963	ドラえもん	1969
ケンタッキーフライドチキン	1970	イトメンチャンポンメン	1963	仮面ライダー	1971
マクドナルド	1971	サッポロ一番みそラーメン	1966	ハローキティ	1978
ミスタードーナツ	1971	明星チャルメラ	1966	東京ディズニーランド	1983
デニーズ	1974	日清カップヌードル	1971	クレヨンしんちゃん	1990
すき屋	1982	赤いきつね	1978		
		緑のたぬき	1980		

同一製品を作り続けながら、原材料、処方、製造方法、品質管理、そして従業員のすべてにおいて、90年間同じものは一つもありません。それなのに、「昔と使用感が変わらない」と褒めていただけたことは、製造業として誇りに思います。

表5に掲げたすべての商品に共通する褒め言葉は、「この店は、この商品は、いつも変わらず愛用している」という、信頼の言葉ではないでしょうか？

商品が好評であったという成功体験に驕らず、評価いただけた「本質」は何かと真摯に考え、それをさらに改善し続けることで、ファンの皆さまの先回りをしたいものです。

「**お客さまからの変わらぬ信頼のために変わり続ける**」ことができる会社と商品だけが、商品と会社の寿命をさらに伸ばし続けることができます。

ここで再度、豊田喜一郎の言葉を引用させていただきます。

「苦心して完成までもっていった者には、なおそれをより良く進歩させる力がある」

【47】経営という冒険物語は、最後のページから書き始める

戦略とは現在地からの積み上げではなく、「決意」からの逆算です。

「今はまだ小さな会社」の現在地は、ヒト・モノ・カネという経営資源の何もかもが不足しているのが常態ですから、すべての条件が揃うまで待っていては、人間として公平に与えられた貴重な「時間」という財産のムダになります。

会社の経営理念は、経営者の事業家としての「決意」です。「決意」を実現するには、毎日を計画的に積み上げることが大切ですが、一方では「目標」から逆算して、今日、今からでも実践できることからやり遂げるという覚悟が必要です。

現在、「売上高1億円の企業を、5年後には売上高10億円、営業利益率5％の会社にする」と決意した今日、今から、それぞれ期間を定めて、「独自の原則による仕組みを作り、製品・サービスを見直し、自分の頭で考えることができる人材を育て、販路や売り方を変え、在庫を減らし、資金調達計画を綿密に立て…」。

決意を実現するために逆算スケジュールを組むと、5年という期間はアッという間です。

ダイエットの話でよくあるのは、酒を飲みながら「今年は健康のため体重を10kg減らす」と、カロリー制限やウォーキングなど具体的な方法もなく話す方を見受けます。「ではいつから始めるのか？」と聞けば、「明日から始めよう、ビールお代わりもう1杯！」と続きます。掛け声だけの夢は、決して叶いません。

【48】経営はすべて「自己責任」と「自助努力」

（1）「こんなはずではなかった」と悔やまないために

経営の本質は、すべて「自己責任」による「自助努力」です。

例えば、急な為替相場の変動によって原材料価格やエネルギー費用が上昇し、大きな損失を出した時。あるいは、売掛金が予定通り回収できなくなり、資金繰りに行き詰まった時。それらは、従業員に給料が支払えない言い訳になるでしょうか？　金融機関に返済を猶予してもらえるでしょうか？

常に最悪の事態を想定して、「自助努力」によってできる対策を考え、改善によって現場のあらゆるムダを削ぎ落とし、お客さまも従業員も喜ばない浪費をなくして質素倹約を進め、結果、最悪の事態が起こらなかった時、「運が良い」と喜べるかどうかです。必要なのは、**「最悪の事態に備え、常に自己責任で最善の自助努力」をすること**です。

（2）売上高はお客さま任せの「他力本願」

変らぬ信頼のために絶えず品質を改良し、あるいは品揃えを工夫しても、お客さまに気づいていただけない時、あるいは天災や景気の変動によって「売れない」時があります。商品を購入するか否かを決定するのは常にお客さまであり、**売上とは、「お客さま任せ」で他力本願であるというのが本質です。**

東日本大震災の影響を受け、原子力発電事業で巨額の損失が出ても、景気が回復すれば営業収益が持ち直し、粉飾決算で隠し続けてきた巨額損失も払拭できるとして問題を先送りし、膨大な債務超過に陥った、大きな企業があります。

「たら、れば」は、ゴルフなど仲間内の世界では愛嬌で通用しますが、実業の世界では、従業員の生活や社会的信用を失う、最悪の事態を招きます。

(3)「自己責任」の「自助努力」は裏切らない

「利益＝売上高－売上原価－経費」という公式をご提案していますが、売上高はいつも「お客さま任せ」であるという本質を忘れず、原価改善や質素倹約があって、目標とする利益が実現できます。しかし、**「売上高－売上原価－経費＝利益」**という考え方であれば、「お客さま任せ」の売上高から原価や経費を差し引き、その余りが利益となります。利益は事業の目的ではありませんが、明日の準備のための原資であり、余ったものを充てるという考えでは、おそらく事業経営は立ち行かなくなるでしょう。

問題の先送りと「他力本願」や「依存心」から、怠惰な経営が始まります。

【49】ビジネスモデル（儲ける仕組み）はフォローまで

ビジネスモデルとは「儲ける仕組み」であり、どの工程で儲けるかが差別化です。

（1）製造業の本質は「付加価値創造業」

原材料から製品という付加価値を作り出すために、品質の良い原材料の選定、工程内での品質の作り込みとムダの排除によるコストの低減が、製品価値を高めます。そして、その価値が価格として評価されます。また、飲食業も製造業としての役割を担っています。

（2）小売業・通販業の本質は「商品選別業」

小売業・通販業の役割は、お客さまに代行して価値のある商品を選別する機能にあります。品質は、賞味期限は、産地は、価格は、すべて小売業が予め良い品を選別していなければ、お客さまは安心して購入できません。

数百万品目扱うAmazonも楽天も、マーケットプレイスに出品された商品を提供するサプライヤーの「選別機能」を持っているから成り立っています。

選別機能の良い事例として、コンビニエンスストアの日販を上げてみました。

（主要コンビニエンスストアの日販比較　決算資料より）

1位：セブンイレブン　65・6万円／日

2位：ローソン　54・0万円／日　▲11・6万円／日（1位との差）

3位：ファミリーマート　51・6万円／日　▲14・0万円／日（1位との差）

立地やサービスなどの差はあっても、基本は30坪の店舗面積、約３０００アイテムの品揃えです。１位と2位の差は、一日で11・6万円、年間で４２３４万円。3位との比較では５１１０万円の開きがあります。立地条件や商品構成や、ＰＢ（プライベート商品）の差はあっても、やはり、**基本となるのは無尽蔵にある商品の中から３０００アイテムを選び出す、商品選別力の差**としか理解しようがありません。

(3) 卸売業の本質は「販売支援業」「情報物流産業」

卸売業の本質的な役割は、「販売支援業」です。その機能を分解してみると受注・保管・物流、販路開拓、ファイナンス（製造業からは売掛、小売業からは買掛）、それを支えるのは、小売業の「適時・適品・適量」を支援するための、高度な情報システムと在庫管理技術と配送機能であり、実態は「**情報物流産業**」です。

【50】机の上にあるものすべてがコスト、現場からしか付加価値は生まれない

会社にとって**現場とは、お客さまの要望と商品が出合う場所です。**

工場ではお客さまからのご注文により製品が作られ、店舗ではお客さまが商品を選び、従業員が接客する。通販業はコールセンターでオペレーターがお客さまと商品を結び付け、営業はお客さまを訪ね、要望や困りごとや期待を承ります。

すべての利益の源となる付加価値は、現場から生まれ、すべての問題や改善課題は、現場の中にあります。そして、製造工程の中で製品品質が作られ、接客サービスの中から会社・店舗への信頼が育まれ、会社が抱える問題や課題の答のすべては、現場にあります。従って、現場以外のもの（会議や事務所や倉庫）は、すべてコストです。

間接人員は、利益と品質のために現場をいかに円滑に導くかの仕組み作りを行いますが、現場でその実践が進まない限りコストです。また、長時間かけて検討する事業計画も、現場で実践されない限り、付加価値を生まないコストです。

・答えはすべて、現場と現場従業員がもっています
・現場の現実に勝る根拠はありません
・現場の最小単位から事業全体をつかむ、「現場主義の経営」が必要です

【51】会社のスピードは予習で決まる

スピードある意思決定には、必ず毎日の予習が必要です。

予習1：正確な意思決定のため、意識して情報を集め、整理・整頓・分析する

日常的に関心事に関する情報のこまめな収集と、整理・整頓された情報だけが、正確でスピードある意思決定を可能にします。**意思決定が速いということは、「情報を活用するスピード」が速いということです。**

これは、今はまだ小さな会社が大きな会社と比較して優位に立てる、「目に見えない資産」です。意思決定に必要な情報は、待っている限りいつまでも揃わないし、揃っても不十分です。

人間の脳は五感といわれる感覚器官から膨大な情報を受けて働いています。例えば視神経は、一秒間に何千万もの信号を脳に伝えているといわれますが、脳はその中でわずかしか認識できていません。

しかし、母親は、人混みの中でも見失った自分の子供の泣き声を聞き分けられる、という話を聞いたことがあります。つまり、意識と関心によって、膨大な情報から必要な情報をつかむことができるようです。

従って、会社経営の課題に懸命に取り組むことが、日常生活や地域の付き合いや従業員との会話から、ヒントとなる情報を無意識に集めることになります。

予習2：いつも最悪の事態を覚悟しておく

経営の意思決定の本質は、「時間」「ヒト」「モノ」「カネ」の配分です。目の前に意思決定しなければならない問題や課題が現れた時に、慌てて情報を集めたり、正しいか正しくないかに悩んだり、部下の提案を求めるのは、予習不足です。そして、最悪なのは、先送りという「決断しないこと」を「意思決定すること」です。

意思決定の速い人の「本質」を種明かしすると、**常に、日常の中で発生するさまざまな課題や問題を想定し、最悪の事態をケース・スタディしており、その最悪の事態に至ることがなければ、あとは時間との勝負でスピードある決定に結び付けます。**

予習3：「基本」と「例外」を区分して考える

経営とは、学校のように毎日起こる問題や課題の出題範囲が決められているわけではありませんし、予習の範囲も決められていません。

しかし、物事には必ず、方程式が通用する「基本」と方程式が通用しない「例外」があります。

もちろん、安易に過去の「経験」や「常識」を方程式として使い、「前例主義」に陥ってはなりませんが、日頃**の問題や課題の底流に流れる「本質」から作り上げた独自の「原則」を方程式として持ち、「基本」には仕組みを、「例外」には素早い対処を**行います。

予習4：期限を定め、自助努力の覚悟を磨く

私たちには長期的・根元的に重要な課題ほど「じっくりと考え、良いものを」と考え、考えすぎた結果、先送りする傾向があります。期限に間に合うように意思決定すればよいと考えていると、すぐに期限がきて見直しや修正の時間がなくなってしまい、かえって不十分な意思決定につながります。

たとえ今日まで考え抜き、現場で試行錯誤して導いた70点の意思決定であっても、一週間後に先送りした意思決定より、おそらく勝るはずです。

不足している出来の悪い30点分は、意思決定してから補えばよいし、最悪の事態に至っても他人を当てにしない自助努力で乗り越える覚悟をもてば、**意思決定は速いほど良い結果をもたらします**。

【52】チャンスはノックしたドアの数に比例する

「天の時、地の利、人の和」という孟子の言葉があります。
「天の時」＝タイミング
「地の利」＝自分の実力
「人の和」＝人を魅了する力

事業を成功に導く「タイミング（チャンス）」は、待っているだけではやってきません。あるいは、チャンスやタイミングが巡ってきているのに気づかない、気づいても準備不足であれば逃してしまいます。チャンスは準備をした者だけにしか見えないし、捕まえることはできません。

自分の実力や人間としての魅力を磨き、会社の仕組みと「考える人材」を揃えることが、ドアをノックすることになります。

人間関係においても、積極的に教えを乞う姿勢で毎日を送っていれば、友人や先輩や師匠から、価値のある情報やアドバイスをいただけます。

「棚からぼたもち」は落ちてこないし、「宝くじは買わなければ（買っても？）当たらない」。ただ、事務所の中で口を開けて待っているだけでは、時間だけが過ぎてゆきます。

いつも、チャンスと利益は、会社の外でノックした人だけに巡ってきます。

【53】今あるムダは、進化のための含み資産

小さな会社には「足りない経営（資源）」にもかかわらず、多くのムダがあります。
①「仕組み」がないから発生するムダ：在庫、労働時間、品質不良、人材活用
②「目に見えない資産」を使わないムダ：固定客、事業家精神、歴史により培われた組織風土、地域人脈、ファミリー資産
③「眠らせたままの知恵」を使わないムダ：過去の貴重な失敗や成功要因や固有の技術、積み重ねてきた数々の工夫
④人材や知識や知恵が不足しているから、みすみす逃しているチャンスと付加価値のムダ
⑤大きな会社と同一条件なのに、小さな会社だからと諦めている、時間と情報活用のムダ
⑥大きな会社にしか通用しない、或いは前提条件が変化したのに変わらない「常識」に囚われた知識や方法論を勉強するムダ

小さな会社は、ムダに対して多大な借入金利を払い、過去3年間で倒産・廃業した会社は、30万社にも上ります。

今持っているすべての資産と条件をうまく使えない経営は、生き残れません。

【54】「後発の特権」は進化への最短距離

ウォルマート・ストアーズ創業者のサム・ウォルトンは、店舗現場でお客さまやアソシエイツ（従業員）が実際に困っていることのために、さまざまな企業や同業の優秀な取り組みを毎日見学し、メモを取り、問題の改善のヒントをつかみました。そして、その原則を確かめ、アソシエイツと共に店舗現場で試行錯誤を繰り返し改善して、自社の独自の仕組みに作り上げました。

明治維新の大久保利通、木戸孝允を筆頭とするリーダーたちは、欧米列強から日本の独立を守るために、「富国強兵」「殖産興業」という目標を掲げ、「和魂洋才」を思想として欧米諸国の先進事例から原則を学び、日本独自の制度を作り上げました。そのために、海軍はイギリスから、航海技術はオランダから、陸軍と憲法はドイツから学びました。綿産業と鉄鋼産業はイギリスから、「自由」と「公正」はアメリカから学び、近代国家を創り上げました。

名経営者として名高いＧＥ（ゼネラル・エレクトリック）のジャック・ウェルチ氏が進めたのは、「選択と集中」「シックスΣ」、そして「ベンチマーキング」でした。ベンチマーキングを簡単な言葉で表現すると、「良い処どり（関西弁ではエエトコ取り）」。「後発の特権」を平易な言葉でいえば、「後出しジャンケン」です。

彼は、**他人が苦労して作り上げた技術や制度の良いところ（原則）を盗み、さらに改良し、成長の最短距離を走りました。**ないない尽くしの「今はまだ小さな会社」ですが、大きな会社と比べると、失うもの（サンクコスト：隠れた負の遺産）も少なく、スピードにおいては負ける気がしません。

【55】経営とは常に「引き算」

（1）家計はいつも足りない中での「引き算」

人の本質は、「足りなければ知恵を出す、多ければムダを出す」です。

限られた資金の中で目標とした結果を出すことは、人は日常生活の中で毎月経験していることであり、馴染みやすいと思います。それは生活費です。

給与支給総額－所得税－県市民税－消費税－社会保険料－公共料金＝生活費

生活費を増やすためには、変動費である公共料金と消費にかかる消費税を低く抑えるしか、努力の余地がありません。このような中でも、将来の不安や子供の進学のためにコツコツと貯金をしています。もし、生活費が足りないからと借金やクレジット購入を増やしていれば、生活は確実に破たんします。

(2) 行政のような「足し算」では、経営はおろか家計すら賄えない

しかし、政府や地方財政を見ていると、実に「足し算」志向です。

「昨年は都市整備事業に1億円使い、今年はさらに充実するため1000万円加算する」。足りない分は、国債や地方債を発行し、財源を賄えば良いという発想です。

これを、家計や会社経営の感覚で考えてみましょう。少ない財源ならば歳入を増やすためにいかに住民を増やすのか？　あるいは企業を誘致して事業税を増やすのか？　そして、歳出の中で徹底的にムダをなくして、国債や地方債に頼らずに、住民や企業が支持してくれる最良の行政サービスを考え、知恵を出し、余った税金は長期的な事業や万が一の災害に備える。これが家庭の主婦や実業家の発想です。

(3)「入るを計って、出るを制す」が経営の基本

経営の基本は、計画した収益を上げ、会社の存続と従業員の生活を懸けて本業で営業利益を生み出す「引き算」です。営業利益は本業の力量を表し、売上高対比5％以上の利益で将来や不測の事態に備えたいものです。

「5＝100－95」

5％の営業利益を生み出すには、原価と経費を95％に納めなければなりません。

そして、人口が10％減少するこれからの時代では、「5＝90－85」です。

お客さまに価値を認めていただいて得た売上高から原価を引き、経費を引きます。さらに、原価からムダを引き、経費から浪費というムダを引きます。

そして、**実業の世界では、「足し算」をする時には必ず優先順位の低いものをカットする「引き算」を行います。**

「引き算」をする目的は、「明日の準備」のための「投資」と「内部留保」です。当然、明日の準備の中には、総労働時間の短縮、福利厚生の充実、教育・訓練など、従業員の処遇の改善を優先して含みます。

【56】経営とは「ロマン」実現のための総合的な実学。経営学では経営できない

専門知識だけで実業は経営できません。ましてや「今はまだ小さな会社」の実業経営は、学者の方やMBA修得の経営コンサルタントの方には極めて難しいと思います。

なぜなら、一社一社の経営そのものが、さまざまな成長可能性を秘めた方程式が通用しな

いオーダーメイドであり、総合的な実学だからです。

お客さま、従業員、製品品質、販売方法など、それらの本質は、会社ごとに異なります。一つひとつ原則をつかみながら、独自の仕組みを作り続けなければなりません。単なる記憶力や知識勉強ではなく、**実践と失敗と知恵に裏付けられた判断が必要な実学です。**

現代は専門分化が進んだ時代ですが、レオナルド・ダ・ヴィンチの時代は、総合の時代でした。彼は、天才で万能人と称されますが、専門家ではありません。専門分化が確立していない時代だったから、自分の「ロマン」のためにすべてを学び、実践しなければなりませんでした。

彼は学問を学んでから「モナ・リザ」を描いたのではなく、「モナ・リザ」を描きたかったからさまざまな研究をし、その足跡が学問となりました。

その足跡は、音楽、建築、数学、幾何学、解剖学、生理学、動植物学、天文学、気象学、地質学、地理学、物理学、光学、力学、土木工学など、多くの分野に遺されています。

ちなみに、彼の名前「レオナルド・ダ・ヴィンチ」はフィレンツェ郊外の「ヴィンチ村」に生まれたことから付けられ、「ヴィンチ村のレオナルド」を意味します。

時折、物知り顔の方から「ダ・ヴィンチの最後の晩餐は素晴らしい」などと聞くことがありますが、言葉通りに解釈すれば「ヴィンチ村の『最後の晩餐』」です。

一方、会社を経営するために経済学、経営学、行動科学、統計学、心理学、物理学、法律（会社法、労働法など）、会計学など、学んでも学んでも、終わりがありません。結局は、ぶっつけ本番の実践の中で「見たり、聞いたり、試したり」しながら、そして「特異と得意」に集中し、実践的な学問（実学）を身に付けながら、実業という修羅場をくぐり抜けてゆくしかありません。

【57】経営の本質は「針路」と「目標」と「仕組み作り」

経営者は「決意」である「大義あるロマン」を実現するために、常に歴史の中の本質と、変わり行く社会の変化の本質を見抜き、会社組織というチームに対して、目指すべき「針路」と「目標」を示し、想いを込めて従業員を説得していくことになります。

そのためには、お客さまの要望の「本質」、従業員の希望の「本質」を確かめ、現場での実践による数々の試行錯誤を繰り返した中から、独自の原則を作り、「新しい仕組み」を作り上げることが必要です。

仕組み作りの基本は「どこにでもいる普通の人々が、すごいことができる」ことです。

ウォルマートやトヨタやホンダのように、優れた人物が起業し、創業者の抱いた「大義あるロマン」という「決意」に向かって成長を続けている会社があります。

一方、フォードやソニーのように、類いまれな経営者が起業したにもかかわらず、変化する時代の中で低迷している会社もあります。

また、従業員の小さな気づきが新たな商品と事業の発展のきっかけとなった、スリーエム（3M）のような、創業者の名前すら知られていない会社もあります。

世界27カ国でアソシエイツ（仲間）という従業員がお客さまの顔を確かめながら、その笑顔のために、当たり前のように独自の原則を守り、改善し続けている会社もあります。

世の中には経営者1人だけが忙しそうにしている会社がありますが、その特徴は共通しています。

・**仕組みがない**：経営者自身が仕組みであり、会社として仕組みがない
・**腹心の部下がいない**：経営者の職務を代行できる人材を育てていない
・**判断基準がない**：経営者の思いつきの判断や意思決定では、学びようがない

経営者が本来の「考える」経営を行うために、この弱点を克服する必要があります。

・普通の人がすごいことを平然とできる、仕組みと風土を作る

・たとえ1人でも、大義あるロマンや悩みを素直に話せる、相棒を持つ
・物事の本質を考え抜き、原則のもと、仕組みと判断基準を作る

そして、「針路と目標」が会社全体の意思となれば、あとはチャンスをつかむために情報を活用した時間との戦いです。「ネズミ」のように大きな企業の「ゾウの時間」の何倍も速く、「ちりめんじゃこ」のように「マグロ」の歩留りより何倍もムダなく、人間として公平に与えられた時間という「見えない財産」によって、「ヒト・モノ・カネ」という経営資源を最速で回転させることで、「決意」と「ロマン」に一歩でも早く近づくことができます。

【58】経営とは競争ではなく「生存」を賭けた戦争

規制緩和は、自由なモノづくりや販売のチャンスを拡大させますが、競争が激化し、価格競争においては、ローコスト体質を持つ企業が主導権を握ることになります。反対に規制強化は、自由なモノづくりや販売の阻害要因になりますが、規制を克服できる技術力や品質力をもった企業が主導権を握ることができます。

いつも、ピンチとチャンスは同じ形をしています。

小さな会社なら、規制緩和による価格競争より、規制強化による技術と品質の競争の方が

戦いやすいはずです。

日本は、もともと規制が多い社会です。しかし一方で、その規制の中で長寿企業が多いのは、規制を乗り越える知恵を持った会社が生き残ってきたからだともいえます。

小さな企業がムダのないローコスト経営であるのは当然の条件ですが、品質や技術があれば、大きな会社と対等、あるいはそれ以上の戦いが可能です。

会社経営は戦争。数で劣るのであれば、「特異と得意」を武器にすれば十分戦えます。

Ⅱ　お客さま（生活者）の本質

【59】お客さまの顔は毎日変わる

（1）生活の中から「悩み」と「期待」が生まれる

私たちが商品という付加価値をご提供するお客さまは、「消費者」でなく「生活者」です。

お客さまは、毎日の生活の中で「今日と明日の不便や不安」という「悩み」を解消するために、今の生活をもっと楽しく、夢がある内容にしたいという「期待」を実現するために、商品を買っています。

そして、その「悩み」や「期待」は、生活の中で刻々と変化をしています。

昨日まで好調に売れていたアイスクリームや果汁100%のジュースが、最低気温が25度を下回らない熱帯夜が幾晩も続くと不振品になります。そして代わりに、さっぱりとしたシャーベットやお茶、水がよく売れます。

昨日は満たされたことが今日は不満になり、昨日は美味しかったものが、今日は見るのもいやになります。よく「お客さまはわがままだ」と言われますが、**日々変わる生活に合わせて価値観が変わっているの**ですから、要望が変わるのは当然です。

「お客さまは、いつも正しい」

（2）使うお客さまと買うお客さまは違う

①赤ちゃん用品は赤ちゃんが買っていない
ベビー服や子供服の製造や販売をしていると、あたかも赤ちゃんや幼稚園児がお客さまであるかのような錯覚に陥ります。ひな人形、五月人形、鯉のぼり、ランドセル、学習机など、すべて子供の好みそうな商品を思い浮かべて、製造・販売しようとしますが、購入を意思決定しているのはお母さんであるか、もしくは、家族の中で一番影響力が強いおばあちゃんかもしれません。

②紳士用品は、男性だけが買っているのではない

紳士服や紳士カジュアル服の製造・販売に関しても、自ら購入を意思決定せざるを得ないのは、サイズを合わせるスラックスや、ドレスシャツくらいかもしれません。下着をはじめとする日用衣料品の大半の購入決定者は、既婚男性の場合、奥さんでしょう。

③製造業のお客さまは、たくさん存在する

「生活者本人」「購入意思決定者」の日常の「悩み」と「期待」に応えることができる製品を提案すれば、それで製品が売れるかといえば、まだ十分ではありません。まずは、卸売業の皆さまの「期待」に応えることができるか、そして、小売業の皆さまの「期待」に応えることができるかが問われます。

④通信販売業は、お客さまと直接向き合う小売業

通信販売業は別名「ダイレクトマーケティング」、会員制販売業は「マルチレベルマーケティング」と呼ばれ、構造的には「卸売業」と「小売業」が介在しない、直接お客さまに販売する小売業態です。「マーケットプレイス」に出展する形態もありますが、直接、

お客さまと売買をする原則は変わりません。
インターネット通販は、カタログ販売をインターネット化することで、より広範囲で多数のお客さまに提案し、購買履歴を関連販売に結び付け、同時に受注コスト、カタログ制作コストが削減できますが、通信販売としての原則は変わりません。

（3）ビジネスモデル（儲ける仕組み）はフォローまで

「商品」とは、お客さまの手に渡ったあとのアフターサービスまで含んだ「製品」のライフサイクル全体を指します。

商品＝製品＋販売チャネル＋販売促進＋販売コスト＋物流コスト＋決済コスト＋品質保証＋アフターフォロー

製造業だからといって、卸売業や小売業や通販業というお客さまに「製品」を販売してしまえば終わり、というわけではありません。**お客さまが利用されている期間中の品質の保証や、使用方法の改善まで**が含まれて、初めて「商品」になります。

（4）おカネを支払う人が「買う・買わない」という権利を持っている

商品を利用する生活者が最終的におカネを払っていますが、取引の各過程でおカネを払う人は移り変わります。そのすべての人が、お客さままでです。

ＢtoＢ（企業間取引）であろうと、ＢtoＣ（個人への販売）であろうと、**「商品」としてのライフサイクルの中で、おカネを払う人すべてがお客さま**であり、その顔が見えない経営は、市場に生き残ることはできません。

経済の原則は「需給と競争」であり、競争のない公共事業にも、国民・市民というお客さまが存在します。お客さまの顔が見えないまま「納税者」「預金者」「利用者」という言葉で一括りにするのではなく、「生活者」に対する公的サービスという「商品」はどうあるべきかを考えなければ、人口減少・超高齢社会という慢性的な歳入不足の中で、必要とされない仕事が多くなると思われます。

【60】お客さまは「買わない権利」ですべてを決める

（1）本当に欲しいものしか買わない時代

高度経済成長期は、モノ不足が「常識」でした。日用消耗品や調味料でさえ、なくなれば不自由しますから、万一に備えて予備まで買っていました。そして、特売日には行列に並んで数量限定のチラシ商品を購入するのが「常識」でした。

しかし１９８９年、ベルリンの壁が崩壊し、それ以降地球規模の流通が進み、世界各国から安価で良質な製品が大量に輸入された結果、人口減少時代の今はモノ余りが「常識」になっています。家庭内もモノで溢れ、足りないものが出てきても近くのコンビニエンスストアで必要なだけ買えば済んでしまいます。

かつてのように、供給者が小売価格を決めるような「常識」は、二度と通用しません。人員不足、あるいは人件費上昇を補うためのセルフレジやセルフ包装、環境保全という大義名分の買い物袋持参運動、機能を付加し操作マニュアルを読まなければ使えない高額家電製品などの**企業の「常識」に、お客さまは一言も文句を言いません。ただ、黙って買わないだけです。**

欲しいモノはすべてお客さまが決め、宅配や通販も含めて、多様なショッピング形態の中から、自由に選択する時代になっています。

(2)「買わない権利」を使えない事業は、ライバルによって存在価値を失う

お客さまは、行政・公共サービスについては、「買わない権利」を使えません。代替できる民間事業が存在しないからです。

また、義務教育・郵便・電気・ガス・水道・公共サービスなどは、お客さまの「買わない権利」が行使できないために、働く人たちの「権利」が優先され、サービス品質は決して高

くありません。

塾に通うことが「常識」の義務教育の質、平日の限られた時間しか利用できない行政窓口、質と価格の競争がない公共事業は、「生活者」の悩みとなっています。

旧国鉄がJRになって、その利便性とお客さま対応は、利用者不在の「春闘ストライキ」があった時代を思い出せないほど改善されました。高速道路の運営も民営化され、ドライブインはテーマパークさながらです。なかには高速料金を払ってまで、ファミリーレジャーとしてドライブインを目的地に遠出をするお客さまもいます。

コンビニエンスストアは全国で5万7000店舗で、郵便局（2万5000局）の2倍以上もあります。それらのコンビニは、24時間・年中無休で営業しています。超高齢化の時代、この生活拠点を行政サービスの窓口、および金融機関の機能の窓口として活用すれば、過疎地を除いて高齢者の生活の利便性は、はるかに改善されるはずです。

これから人口減少・超高齢社会が進展し、家計が一層苦しくなる中で、「住民の変わらぬ信頼のため変わり続ける」ことができない事業体は、「買わない」で済む選択肢ができれば、存在価値を問われることになります。

すでに、公的サービスの多くは「外注・アウトソーシング」と称して、役所の窓口さえ民間企業に委託している自治体もあり、**規制を取り除けば、ほとんどの公共事業は民営化が可**

能になります。お客さまが不便と悩みを抱えているところに、新たな事業機会が生まれます。

しかし、公共事業体に働く人が悪いわけではありません。仕組みが悪い、組織が悪い、経営するリーダーが悪いのです。

【61】一番手ごわいお客さまは、いつもあなたの前にいる

（1）自分の会社の一番のファンは従業員の皆さま

あなたの会社の従業員の皆さまは、自分の会社の商品やサービスを利用していますか？

原材料を納入していただいている取引先の従業員の方々はどうでしょうか？

ステークホルダーなどという難しい名前の仲間の方々は、どうでしょうか？

そして、その使い心地とか味や販売時のサービスについて、当事者の1人として、より良くするために改善方法を考え、提案してくれているでしょうか？

もし、あなたの会社が飲食業であるなら、家族連れで来店しているでしょうか？

彼らは最も身近にいる正直なお客さまであり、ファンでなければなりません。

（2）従業員の皆さまから信頼される商品しか売れない

製造工程や販売方法について、いくら提案しても、改善・改良されなければ、製品を作っ

ている人自身が、買うことを避けるようになるでしょう。

　まして、衛生管理の必要な製品や料理を扱いながら不衛生な職場で働いているとしたら、まず自社製品は買わないし飲食しません。

　つまり、**従業員の皆さまが当事者として製造・販売している製品を「信頼して購入・利用しているかどうか」を見ることで、その製品の真価が分かります。**

　従業員の皆さんが買わないものは、製造・販売工程の中に、信頼できない問題がある製品です。

（3）信頼は、まず身の回りの方から

　かつて化粧品会社の経営を担当していた時、関東系のドラッグストアチェーンが大阪心斎橋に出店したので、どのような店作りなのか、また自社の製品が何点採用されているのかを調べに行った時のことです。店内は開店祭の真っ只中、多くのお客さまで溢れ、そのドラッグストアチェーンの人気と期待の高さを実感しました。

　なかでも驚いたのは、来店客の半数近くがツアー客と思われる中国系のお客さままであったこと。そして、彼らの買い物かごの中身です。両手に重そうに提げた買い物かごの中身は、想像通り、高額化粧品や医薬品、そして、意外にも大量の漢方薬でした。後日、中国の友人

にその状況を話したところ、彼自身も日本の漢方薬を愛用し、来日する時は購入して帰るとのことでした。理由は、日本製品の方が「安全で信頼できる」からでした。

従業員も取引先も、そして、家族も買わないし、使わないような商品やサービスを販売しているとしたら、ましてや経営者自身が使っていないとしたら、どのようにお客さまに製品の良さをお勧めするのでしょうか？

【62】落語家がお客さまに噺のネタを尋ねますか？

お客さまは商品を買うことで、生活の改善と期待を実現します。しかし、期待するものが何であるか、具体的に教えてはくれません。何かと聞かれても、目の前に出されるまで分からないし、「こんなものが欲しかった」という感想が素直な気持ちです。

昔、移動手段が馬車であった時代に、「どんな乗り物が欲しいですか」とアンケートを取ったとしても、二頭立ての馬車とか、クッションの良い座席などという回答ばかりで、自動車が欲しいなんて、誰も答えなかったに違いありません。

アンケートは、すでに実在する製品に対する感想を確かめるには有効かもしれませんが、「まだ存在しないもので、ほしいものは何か」と聞くには適しません。それはまるで、落語家がお客さまに「何を話したら喜んでくれますか」と質問するようなものです。

お客さまが困っていること、期待していることは、必ずお客さまの生活の中にあります。生活者の生活を一番良く知った会社が、お客さまに近い会社です。

【63】経営は領域に囚われない実学

（1）今日の満足は、明日の不満

商品やサービスについて、今日、満足をいただいたからといって安心はできません。人の心理とは、「今日受けたメリットは、明日からは当たり前」と考えるようです。

品揃えしていなかった商品を、お客さまの切羽詰まった事情をお聞きして、例外ではありますが特別注文として承り、1週間以内にお届けすることで、非常に感謝され、信頼していただけたとします。

しかし、その翌日になると、お客さまにとってはその努力が当たり前となり、自分は特別なお客さまだからと思い込み、その後、同じように特別なご注文をお受けできない時、応対が悪いとか、不親切だとかの不満を抱かれることになります。

すべての業態において、お客さまとの関係は「基本は何か？」「例外は何か？」を明確にした上で築く必要があります。思いつきの安請け合いは、禁物です。

もし、このような「例外」が頻繁に発生するときは、製品やサービス改善のチャンスとして、仕組みを作り「基本」とします。**お客さまの率直な心理は、事業の強み作りのヒントになります。**

（2）美味しいものほど、すぐ飽きる

企業の平均寿命より長く販売されているロングセラー商品をご紹介しましたが、その本質は、初めて利用されたときの感動をいつまでも提供し続けていることにあります。原材料や製法が変わっても、「変わらぬ信頼を得るために、変わり続ける」という目に見えない不断の努力の結果です。

人の満足感には、２つの本質があります。

①相対的な満足

高度経済成長期は、みんな貧しかったから自分だけが不幸と思わなかった。

②変化から生じる満足

真夏の暑い日に飲むビールの一口目はすごく美味しい。

つまるところ、商品の評価は刻々と変化するお客さまの「心」との闘いです。

満足感は相対的なものであり、幸福感は状態ではなく変化から生じます。

好評な商品ほど、たくさん売れれば自分だけが持っているという相対的な優越感が早く薄れます。感動を受けた変化にも、すぐ慣れてしまいます。

しかし、いつの時代も「お客さまはすべて正しい」。好評に慢心することなく、「変わらないために変わり続ける」ために改善と改良を怠らず、コストダウンによる利益を品質の改善に振り向け、お客さまが感じる価値を高め続けていかなければなりません。

(3) すでに満たされているモノには、関心がない

人は、見たいものしか見ていません。そして人は、聞きたいことしか聞いていません。なぜなら、関心という意識がないモノは、見えないし、聞こえないからです。

人間の脳は、五感からの膨大な情報の中で、ほんのわずかしか認識できません。視神経一つとってみても、一秒間に何千万という情報を脳に伝えていますが、そのすべてを認識していたら、道すらまっすぐに歩くことは不可能です。

つまり、意識していること以外は「無意識」の中にしまい込まれます。**意識していない限り認識できないのが、人間の脳の構造です**。

従って、会社方針や重要な事項を伝える前に、必ず関心という意識を持ってもらう努力が必要です。専門用語では「モチベーション・動機づけ」と言われますが、分かりやすく言え

ば「その気にさせる」ことです。従業員の皆さんは働いて所得を得る以上、会社方針や指示を理解する必要があり、関心という意識を持つことが大切と認識しています。

しかし、**お客さまは、自分が関心のあること以外は無関心です**。つまり「無意識」です。欲しいモノには敏感に反応しますが、昼ご飯の後の試食販売のように、すでに満たされたモノには全く関心を示すことはありません。

(4)「信頼」は、生涯購入金額を導く「見えない資産」

日頃お世話になり、かつ威厳のある内科医から処方された風邪薬は、よく効くような気がします。たとえ、それが小麦粉であっても効くかもしれません。

反面、頼りなさそうな歯医者に治療を受けた時は、必要な歯まで削られていないかと気になって、治療どころではありません。

お客さまの会社に対する「信頼」も同じです。長年、固定客になっていただいたり、愛用してきた製品や問い合わせ対応で培った「信頼」は、これから商品を買ったりサービスを受けようとする時にも「安心」の気持ちを抱いていただけます。

商品ブランドや会社名・屋号も「信頼」の証ですが、「固定客＝信頼関係」に勝るものはありません。**価格や品質に疑問を持つことなく買える商品と会社に対する「信頼」**は、経営資源の中でももっとも貴重な「目に見えない資産」です。

(5) お客さまは得られないことより、失うことを恐れる

お客さまは、行きつけのお店で流行の商品が販売されていないことより、いつもの商品が品切れをしている時の方が、落胆は大きくなります。そして、その時の対応次第で「信頼」を失うかもしれません。

市販の常備薬や愛用の化粧品なども、品切れで手に入らないことを恐れます。期間や数量を限定した商品は、このような人間心理を利用した販売方法ですが、単なる販売促進のためではなく、本当に限定する価値のある商品を製造し販売し、後悔させないことの方が大切です。

(6) お客さまは、最低気温に応じて生活している

人口動態が日本の長期的な「需要と供給」を決め、年間では「春夏秋冬」と「喜怒哀楽」が、お客さまの生活に大きな変化をもたらします。

そして、人は最高気温よりも、最低気温に敏感と思われます。最低気温が25度を下回らない「熱帯夜」が3日続くと、夏バテしないかと心配になり衣食住すべてが変わります。しか

し、最高気温が連日35度を超えるような猛暑でも、夜が25度以下であれば過ごしやすいと感じるのか、生活の変化は少ないようです。同様に、最低気温が10度を下回ると暖房が必要となり、こたつと鍋物が恋しくなります。

衣食住すべてにおいて、製造業・卸売業・小売業・飲食業の区分を問わず、**気温の変化はお客さまの生活の変化をもたらし、販売の基礎となります。**

Ⅲ　商品経営の本質

【64】ブームになる商品ほど、時代遅れになるのが早い

(1) コモディティ(日用品化)の罠

長年かけて開発した商品でも、話題になればなるほど陳腐化が早まります。

ある企業の新製品が評判になると、競争企業が少し機能的に改良を加え、価格的に安くした類似品を発売します。その本質は、「後発の特権」の活用です。

新製品を苦労して開発した企業がブームに喜んでいる間に、後発企業に追い越されてしまいます。①「市場調査コスト」がかからない、②「製品開発・調達コスト」がかからない、

③「販売促進コスト」がかからないという後発のメリットを活かし、小さな会社こそ日常的に取り入れ、苦労して作り上げた商品を守り、先を行く企業を追い越す戦略（ムダな戦いをなくす）としていただきたいと思います。

ただし、中国でのミッキーマウスや大江戸温泉はお客様を欺くニセモノです。

（2）安易な価格競争は利益を失い、信頼を損ねる

せっかく苦労して開発した製品に、やっと利益という果実がつき始めたころに、大きな会社に「トンビに油揚げ」をさらわれてしまいます。

ジャンケンは、後出しする方が必ず勝ちます。品質で戦おうにも、機能を追加され、先行商品の欠点は補われているのが一般的です。

その時の対応で、「価値＝品質／価格」という公式を思い起こしてください。一番安易な方法は、価格を下げることです。価格を下げると価値は上がりますが、競争相手も価格を引き下げ、体力勝負の消耗戦になります。

加えて、その姿勢が発売時に購入したお客さま（ファンが多い）の不信感を招くことになります。

（3）「目に見えない付加価値」とは

では一体、商品価値とは何でしょうか？

「商品価値＝製品＋目に見えない付加価値」

商品のライフサイクルは、販売して終わりではなく、使い切るまでです。ウォルマートは「満足保証」という信頼を販売しています。つまり、販売時点から使い終わるまで、気に入らなければ返品が可能な制度です。買ってみたら不良品だったとか、従業員の応対が悪いとかの「苦情対応」は、どんな企業でも一生懸命取り組んでいますが、メーカー品であろうと自社製品であろうと、使い終わるまでを保証しています。

そのことが、ウォルマート自体の商品調達の厳しさを伝えることになっています。だから、お客さまは「**同じ商品を購入するなら、厳しい審査を受けたウォルマートの商品を買おう**」ということになるのです。

（4）差別化とは、心の差

競争で一番安易なのは、価格競争です。もっと使いやすく、もっとシンプルに、もっと使用感を良く、もっと分かりやすく、もっと信頼してもらおうという努力を先送りすることは、本当の存続につながりません。

真摯に、品質（耐久性や使用感、商品説明などのサービス）を高めることしかありません。

「心は細部に宿ります」。宿った心を、お客さまは見抜いてくださいます。

【65】働く人の人間性以上の品質は作れない

（1）認証取得に取り組む目的

認証制度には、ＩＳＯとかＧＭＰ、ＨＡＣＣＰなどがあります。

認証を取得して、商売の機会を増やすことが目的なら、規格の「要求」通りの体制と取り組みを継続すれば、審査機関から認証を受けることが可能です。審査を担当する会社も、審査費用で運営されていますから、よほど不真面目でない限り審査機関に推薦していただけます。

しかし、どうせ大変な努力を継続するのであれば、本気で品質改善や衛生管理に取り組まれることをお勧めします。なぜなら、「今はまだ小さな会社」の武器は、真摯なモノづくりであり、商品の選択姿勢であり、心のこもったお客さまへの対応です。

その基本となる品質とは何か、衛生とは何か、環境対応とは何かを学ばないことは、本当に「もったいない」ことです。

会社を本当に強くするには、**「基本の徹底」**と**「変化への対応」**が必須ですが、会社全体が基本を学び、日常の製造や販売する製品の品質を改善し続けることが、従業員の自信と誇りとなり、品質による価値の差別化につながります。

「品質」を会社全体の針路を示す共通言語にできれば、現場経営の基軸ができます。

（２）品質は必ず誇りとなり量を招く

「価格」はお客さまが評価した価値であり、価格が安いこと、高いことを従業員は誇りにできません。しかし、**「良い品質」は大義であり、お客さまとの約束であり、会社と従業員の誇りにできます。**

ロングセラー商品の大半は品質事故を起こしていませんし、品質事故があったとしても過失であり、その都度誠実に対応し、真因を除去してさらに品質を向上してきたから今があります。

商品に対する信頼と会社に対する信頼は、コインの表裏です。商品に対する信頼が高まれば、会社に対する信頼も高まります。

会社に対する信頼が高まれば、プラセボ（その気）効果が働き、すべてのモノが信頼できると信じていただけます。

「今はまだ小さな会社」ほど、人も設備も足りない経営の中でも「品質」は経営者が率先して取り組むべき最重要課題であり「戦・略」です。

製品とサービスの「品質」は、ファンを作ります。一方、「価格」によって獲得したお客さまは移り気です。努力して作り上げ継続している「品質」は量を招きますが、価格で招いた量は、「品質」と「信頼」を損ねることが多いことを確信しています。

【66】感動だけが心に残る

ロングセラー商品の事例を紹介しましたが、ほとんどの人に何らかの思い出があります。「そういえば夜食によく食べたなあ」とか、「あの頃は小遣いがなくて苦労したなあ」とか。

そして、思い出したように購入してみると、「昔と変わらない、懐かしい！」と思います。

製造業も卸売業も小売業も飲食業もサービス業も、お客さまの思い出の中に浮かぶ製品やサービスが提供できれば、それに勝る信頼は考えられません。

感動だけが人の心を打ち抜き、思い出になります。その感動をお客さまに実感していただきましょう。

結局、すべての事業の存続と成長の源泉は、ファンが受けた感動が、苦労したり楽しかった時代の思い出として存続し、継続することだと思います。

【67】新製品のほとんどが今ある技術の新しい組み合わせ

（1）LEDの発明は光の組み合わせ

発光ダイオード（light emitting diode：LED）はダイオードの一種で、電圧を加えると発光する半導体素子です。

1962年、ニック・ホロニアックにより赤色LEDが発明され、1972年、ジョージ・クラフォードによって黄緑色LEDが発明されました。

しかし、ご承知のように光の三原色は「赤・緑・青」ですから、すべて揃わない限り透明な光は生まれません。そして、20年間という長い年月ののち、1993年、3人の日本人によって青色LEDが発明されました。これまでの蛍光灯や白熱灯などの問題点は、寿命が短いこと、発熱すること、紫外線が出ることでした。結果、交換の手間がかかり、発熱は食品などに影響を与え、紫外線は衣料品の黄ばみや昆虫を招きました。

しかし、LEDはこれらの問題点をすべて解消し、衝撃に強く長寿命であり、故障の発生する頻度も低く、何よりも消費電力が少ないことで、あらゆる分野で実用化が進められています。

（2）新製品をお客さまの顔から創り出す、「構想力」と「実現力」

発明を実用化するには長年の研究が必要であり、製薬会社の新薬開発に至っては、膨大な費用と研究期間を必要とします。

しかし現在、日用実用品分野では、お客さまの生活の中の悩みを知り抜き、すでにあるさまざまな技術や製法を、優れた「創造力」と「総合力」を駆使して新しく組み合わせ、発明と呼んでもおかしくないような商品が創られています。

ウォークマンは、大きなラジカセを肩に担いで大音量で音楽を聴きながら歩いている人の不便を見て、もっと楽に持ち運べる音響機器が作れないかと考えたソニーが、特異のミニマム化（最小化）技術を駆使して、胸ポケットに入るサイズで録音機能がない聞くだけのラジカセを開発、世界的なヒット商品となりました。

続くアップルは、ウォークマンを聴くために、お客さまがたくさんのカセットテープを持ち運ばないといけないという不便を、iPod によって解消し、さらに iTunes の楽曲配信によって、まったく新しい音楽の世界を創り出しました。iPhone に至っては、お客さまの悩みのすべてを「ミニマム化」という技術で、胸ポケットに収めました。

このように発明とも呼ぶべき新製品がお客さまの不便や悩みの中から、総合的で創造的な構想力のもと、時代と共に専門分化する新しい技術を組み合わせて作られています。総合化と専門化は「構想力」と「実現力」となって、お客さまからの「こんなものが欲しかった」という感動の声を引き出しています。

よく、学術的な「全体最適か部分最適か」などという議論がありますが、まったく意味がないどころか、経営される皆さまの時間のムダです。

大切なのは、「構想力」と「実現力」を組み合わせてお客さまの困っていることを解決し、期待していることを実現する商品やサービスを生み出すことです。

【68】成長のチャンスは、矛盾（二律背反）の克服にある

近江商人の商売の原則は「三方善（買手よし、売手よし、世間よし）」。常に、商売に関わった者すべてにメリットがある解決策を探すことです。

二律背反も「あちら立てればこちらが立たず」を意味しますが、商売においては「あちらも立てながらこちらも立つ」の解決策は、必ずあります。

「旨い、安い、速い」は、吉野家のコピーです。

「多品種・少量生産、高品質、高効率」は、トヨタのカイゼンの成果です。

「品切れがなく、在庫が少ない」は、セブンイレブンの強みです。

「品質が良く、価格が安い」は、すべての事業に共通する二律背反の最重要課題ですが、

結局、「価値が高い」ということです。前例や世間の「常識」に惑わされることなく、先入観を否定して、「品質がさらに良く、価格も妥当」となる仕組みを実現できた会社だけが存続し成長します。

【69】創意がなければ精神が欠ける

創意工夫は限られた国土の中で、厳しい環境に育まれた日本人の特性です。

石田梅岩は倹約の思想家として有名ですが、彼が最も熱心に説いたのは、創意工夫でした。毎年発生する風水害や雪害、干ばつなどによる飢饉で、多くの農民が飢えに苦しんでいるのを救うために、創意工夫の必要性を説きました。

一反の田んぼで、いかに多くのコメを収穫できるようにするか。一粒でも多くのコメを収穫するために、創意工夫すること、手間を惜しまないことを、農民と一緒になって実践しました。

モノづくりも販売も、いつ、いかなる時でも現状に甘んじることなく、手間を惜しまず、創意工夫してお客さまの信頼を勝ち取るという精神が、さらに創意工夫を引き出します。そして、**その創意工夫が、精神を鍛えます。**

会社とは、お客さまの信頼と、従業員とその家族を守るために存在するものだという精神が、創意工夫の組織風土を生み出します。

【70】商品経営は、大きく考え小さくつかむ

「今月の売上はどうでしたか？」と聞くと、「昨年より改善しました」とお答えをいただきます。しかし、どの商品の売上高を伸ばしたのか、その商品は利益を上げて（粗利益を稼いで）いるのかと尋ねると、把握されていない場合が多くように思います。

単品管理に基づかない「どんぶり勘定」は、危ない経営です。

同じボールペンでも、極細0・3ミリ、細字0・5ミリ、普通0・7ミリ、太字0・9ミリがあるとすると、陳列方法も在庫管理も異なりますから、単品と呼び区分します。単品管理とは、ボールペンが売れているのではなく、「企業の決算シーズンに合わせて0・5ミリの細字のコーナーを大きくし、在庫管理に注意したことで、計画した1000本を売った」と、把握していることです。

同じように、最小単位で業績を見つめる必要があります。

お客さま一人当りの買い上げ金額と点数は？

売上高の80％を構成する単品は何品目？

「大きく考え、小さくつかむ」ことが、今はまだ小さな会社の経営です。

【71】ムリな設備稼働率はムダを生み、設備をすり減らす

専門書では、「製造効率を高めるために、設備稼働率を向上させなさい」と書かれています。また、店舗では、設備稼働率と言えば長時間営業です。

いずれも、需要が供給を上回ることが前提条件だった時代の「常識」です。

機械設備の性能を１００％使って製品を作って設備稼働率を自慢しても、出口の売上と、その成果の利益がなければ大量の仕掛品を生み出すか、あるいは滞留在庫を生み出し、借用証書を印刷しているようなものです。そのために設備がすり減り、耐用年数が短くなっては、元も子もありません。

店舗も、コンビニエンスストアのように24時間営業を行っても、お客さまがご利用されなければ、設備とエネルギーコストと人件費がムダになります。

もし今、休日が不特定の場合、お客さまのせっかくの問い合わせがムダになり、何よりも信頼を損ねます。お客さまに一番周知されやすいのは年中無休ですが、次善の策として毎週決まった曜日に休日を設定することは、お客さまに周知されやすく、それが浸透すれば、売上の低下を最小限に防ぎ、コストも下げることができます。

(1) 設備は減価償却期間の2倍以上活用する

商用車の耐用年数は軽四で4年間、普通車で5年間です。その期間は減価償却が適用されます。では、その期間が過ぎたら廃車にしますか? おそらく、減価償却期間の2倍は使えるのではないでしょうか。

製造設備も販売設備も同じです。

飲食店用設備は8年、繊維工業用設備7年、金属製品製造設備10年、建物はおよそ40年ですが、製造、販売のための設備を、減価償却の年数通り使っていては、経営が成り立ちません。

減価償却は営業利益から控除され、償却が済むと、たくさん税金を払わなくてはならないとばかりに設備を更新する会社がありますが、もったいない。**毎日の保守・点検がしっかりしていれば、設備は減価償却期間の2倍以上使えます。**

しかし、目的が省力化や生産力増強という新たな付加価値を生み出すためであれば、そして、従業員の生産性も向上できる労働装備率向上のためであれば、綿密な採算計画のもと、思い切って投資することが必要です。カネと時間は、目的に応じてまとめて使いましょう。

（2）カネを使ってカネを減らす、カネを使って儲けを増やす

質素倹約を進めるための基本姿勢をもたなければ、コピー枚数を制限したり、ボールペンの芯を許可制で交換したりの、「ケチケチ運動」になります。ボールペンの芯の交換など、100円ショップなら5本で108円ですから、管理する人件費の方がはるかに高くつきます。「節約意識を持ってもらいたいから」と理屈をつける時間がムダです。

基本姿勢として、「**目的が明確なカネしか使わない。利益と信用につながるカネしか使わない。お客さまと従業員が喜ばないカネは使わない**」などが必要です。

人手が足りないからすぐに採用を、という会社がありますが、人材採用は、生涯賃金2億円という会社の存続に関わる重要な投資です。果たして資産となるか負債となるか、最も慎重にならなければならない「固定資産」への投資であるはずです。

トヨタは過去の人員整理（リストラ）の苦い経験から、現在の従業員の能力を高めること、さらに、カイゼンで人時生産性（1時間当たり付加価値）の向上を徹底しています。

「トヨタ生産方式」の思想の前提には、不況になっても決して人員整理を行わない覚悟がみられます。「不況の時、使うのに困る人を雇うくらいなら、今いる人間が2倍働こう」です。

Ⅳ　人間の本質

【72】責任は「感じるもの」、与えられるものではない

人が動く本質は、「カネ」と「名誉」です。

昇進して給与が上がった当日は、「責任も重くなり、給料も上がったことだし頑張ろう」と思いますが、その翌日には「生活が苦しくて、もっと給料を多くしてほしい」と思うのが人情で、「カネ」の効果は、持続性に乏しいのが現実です。

成果配分やストックオプションは「動機づけ（モチベーション）効果が高い」と言われますが、鼻の先の人参は食べてしまったらおしまいですし、いつまでも食べられないとしたら、不満の元になります。

組織という社会での位置付けが上がることを「責任を持たされた」と思うと苦痛になりますが、仕事がやりやすくなると思えば苦痛ではなくなります。一人ひとりに応じた、「責任を感じる」意識づけが必要です。

ヒトの心は、オーダーメイドです。昇進や昇給に限らず、社運を賭けたプロジェクトを率いるとか、重要なお客さまを担当するとか、従業員旅行を企画運営するとか、会社を代表し

ている、従業員を代表しているといった**「責任を感じる」場面の積み重ねが、人を育てます。**

【73】人は状況の申し子、性善の時も性悪の時もある

孔子は子弟により編纂された論語の中で、人間としての理想像を示しました。

「子曰く、吾れ十有五にして学に志す。三十にして立つ。四十にして惑わず。五十にして天命を知る。六十にして耳順う。七十にして心の欲くする所に従って、矩を踰えず」

（先生がいわれた、「わたしは十五歳で学問に志し、三十歳になって独立した立場を持ち、四十歳になってあれこれと迷わず、五十歳になって天命をわきまえ、六十歳になって人のことばが素直に聞かれ、七十歳になると思うままに振る舞いながらそれでも道をはずれないようになった」）

孔子が語った言葉は、孔子自身が求めた理想であったように思います。特に、「四十にして惑わず、五十にして天命を知る」という一節は、自分の人生と比較して、実に情けなくなります。「四十にしても惑い、六十にしても惑っている」のが、素直な実感です。

結局、人間の本質は「性善説」でもなく「性悪説」でもなく、「状況」の中で悩みながら「善」であるときも「悪」であるときもあるのではないでしょうか。**人間は信念の中だけではなく、変化する状況の中で生きています。**

会社は、できるだけ「善人」の集団でありたいと思います。しかし人間は、「状況の動物」です。まず、**「悪人」にならない仕組みと風土作りが必要です。**

人間は、欲がなければ成長しません。だから会社は欲の塊とも言えます。海外でも通用する力量を磨きたい、家族にもっと良い暮らしをさせたい、部下にもっと信頼されたいなど、前向きな欲を育てるには、実のある「名誉（プライド）」を育てることかもしれません。

ただし、「名誉」のためなら死ぬことも厭わないと言っていた人間が、「カネ」にまつわることで失敗するのも現実です。

【74】人間はプライドと人生を懸けた時、蓄えてきた潜在能力を絞り出す

人間は、追い込まれたとき、無我夢中になったとき、「火事場のくそ力」といわれる信じられない力を発揮することがあります。それは、潜在能力の発揮を邪魔している先入観が働かなくなった時です。

人間は日常生活の中で、無意識の中に新しい知識や経験という能力を蓄積しています。認識できていないだけで（自分の体力や知力は自分で気づいてはいないだけで）、思った以上に高いものかもしれません。

カール・ルイスが１９８３年5月14日、１００ｍ走で9秒97の記録を出し、平地で10秒の壁を破った最初のランナーとなりました。

それまで、平地で人間が１００ｍ走で10秒を切ることは不可能という定説があり、アスリートたちはその定説が先入観となり、高地では10秒を切りながら、平地では９秒台の記録を出せずにいました。

しかし、カール・ルイスがその先入観となり「常識の壁」を打ち破ったことで、その後、続々と９秒台の記録が生まれました。

日頃の仕事の中で、先入観や固定観念に囚われ、できないと思い込んでいることでも、プライドと人生が懸かった切羽詰まった状況の中で、潜在意識の壁が取り払われ、思わぬ力を発揮することがあります。

人間は、新しいことや未知のことに対して予期不安を感じ、「もし失敗したらどうしようか」とか「うまくやろう！」と思った瞬間、潜在意識の壁が潜在能力の発揮を遮っているのかもしれません。

オリンピック選手のインタビューで「メダルを獲る」と断言した選手ほど、「国民の期待にできるだけ応えて……」と中途半端な抱負を語る選手より、メダルを獲得しているように思えます。「できる」と断言することで自己暗示をかけ、自分の潜在意識の壁を打ち破っているのかもしれません。

【75】人間の本質は、状況によって勤勉であり怠惰である

先に述べたように、人間の本質は「性善」でもなければ「性悪」でもありません。**興味を持ったことには「勤勉」ですが、興味のないことには「怠惰」です。**

（1）「怠惰」な心理

・考えること少なき者は過つことが多い（レオナルド・ダ・ヴィンチ）
・何もしない方が安定を得られる
・勝率だけなら、勝算ある仕事しかしなければよい
・一番大切な問題ほど先送りする
・わが身が可愛いという打算に勝るものはない
・責任を取らないという習慣は直しようがない
・依存心の強い人間ほどカネ払いが悪い
・普段遊んでいる人間ほど本番で汗をかく

・認知障害の真因は「逃避」と「依存」
・人は、会社（社会）を動かす力を与えられていないとき、無責任になる

（2）「勤勉」な心理
・人材の価値は、何を言うかではなく、どんな結果を出したかで決まる
・準備が整っている人間は、本番で肩の力が抜けている
・心ある者は、活躍できるきっかけを待っている
・ヤドカリは大きめの殻を選ぶ
・当事者意識（責任感＋プライド＋カネ）がヒトを動かす
・仕事は、いつも自分の能力の中心で打つ
・人間が本気とその気になれば、できないことは少ない
・苦境こそが創意工夫と成長のチャンス

【76】言葉と関心の統一が「針路」を決める

（1）人は、それぞれ違った言葉で考えている
「なんてこった！」と東京弁で考える人、「なんちゅうこっちゃ！」と関西弁で考える人、

「オーマイゴッド！」と考えるアメリカ人、それぞれ、考えたり理解する言葉が違います。脳が考え理解する言葉（コンピュータならＯＳ）は、５歳までの生活環境の中で形づくられ、「楽観的」や「悲観的」などという考え方のクセまで含まれます。

ソニーの創始者の井深大のライフワークは、幼児教育でした。日本の将来を担う人材の、幼児期の重要性を感じてのことでした。

「明日までに報告する」と確認しても、ある人は「今日中」と理解し今日徹夜で作業し、またある人は「明日中」と理解し、明後日になる直前の午前０時までにやれば良いと考えます。

経営の本質は、お客さまと従業員の説得です。**シンプルで共通の理解が得られる言葉**で、納得を作り出したいものです。

（２）価値観の統一は、「関心」の統一から

人は、聞きたいことしか聞いていない。人は、見たいものしか見ていない。なぜならそれが、人間の脳の特性だからです。五感から送られてくる膨大な情報を処理する能力は、限られています。従って、意識した情報、つまり関心のある情報しか認識できませんから、あとは無意識の中（第六感）にしまい込まれてしまいます。

春のうららかな路を歩いているとき、1人は道端に咲くタンポポを見つけ、1人は鶯の声を聴き、そしてもう1人は、自分のつま先しか見ていないかもしれません。

しかし、花の写真を撮ろうという共通の目的をもった時、3人それぞれがタンポポとスミレとクローバーを見つけるかもしれません。

よく、「価値観が異なる」などといいますが、それ以前に「興味」「関心」が異なるから価値観が統一できないのではないでしょうか。

製造現場や店舗で毎日同じように働いていても、「興味」や「関心」が異なれば、問題点や改善すべき課題は統一できません。

会社としての「関心」が何であるかを示すことが、「価値観の統一」です。

利益や売上を高めることは、会社であれば当然の関心事であり、改めて認識する必要はありません。経営理念を具体化しながら、一人ひとりの毎日の課題に落とし込める、シンプルで分かりやすい「合言葉」を作ってみてはどうでしょうか。

ちなみに、ジョブズが仲間に呼びかけた「合言葉」は、「1986年までにMacは本の中に」でした。アップルに集まった一筋縄では動かない異才たちが、それぞれ異なる脳の言葉で考え、自分が必要とする情報をそれぞれが集め、専門分化された技術と知識を統合して創り上げたのが「MacBook Air」であり、「iPad」です。駅弁のような日本製のノートブックも使っていますが、日頃は本の中にiPad miniをはさんで持ち歩いています。

【77】会社は「欲」の塊、欲がない人間は育たない

（1）自分への希望という欲

サム・ウォルトンから学ぶことは、「希望に対する欲」です。

①決意を実現するために必要な意思は、自分に備わっている

必要な手段はすべて優秀な企業から学び取ると決め、毎日、優れた事例やつかんだ気づきから本質を探し出し、どこにでもいるような人たちが当たり前のようにできる独自の原則（プリンシプル）を作りました。

②自分で自分を信頼に足る人間にするために、誠実であり続け、真摯で質素倹約を貫き、決意を実行しました。

希望を持ち続ける能力の高い人は、自分に高い目標を与え、努力してその目標を実現し、さらに高い目標を設定します。**知能が同じなら、「希望への欲」が強い者の方が実現能力は高いはずです。**

【希望を持ち続ける人間の特徴】

・目的を実現する能力が自分に備わっていると、信じ込んでいる
・困難な事態に陥っても、すぐ気持ちを切り替え、楽観的に自分を元気づけられる
・目標実現に向けて方法を試す時に、方法をすべて変えてしまう柔軟性がある
・大きく考え、小さく始める。大きな目標を実現可能な小さな目標に分割する

【くじけない人間の特徴】
・すべてが「自己責任」、失敗しても責任転嫁することなく、「自助努力」で補う
・今回の失敗は考え抜いた結果、次は必ず成功するため、さらに考え抜く
・自分で自分の人生を客観的に評価する
・困難に直面した時に、無気力や絶望や抑うつに陥らないよう自分を守る
・自己信頼によって難題から逃げない、先送りをしない
・常に最悪の事態を想定し、対処方法を考え、もし最悪の事態が起こらなかったら、「自分は本当に運が良い」と感謝する

（2）希望を実現する「その気（ゾーン）」の力

不安や潜在意識の壁を破り、潜在能力のすべてを出し切る時を、「その気（ゾーン）」と呼びます。**「その気」は、長年無意識の中に培ってきた潜在能力です。**

①「できない！」と思った瞬間、できなくなる「火事場のくそ力」と言われますが、「くそ力」の正体は、本人も気づかぬうちに鍛えられてきた筋肉のもつ潜在能力が、危機に瀕して「できないはずだ」とか「もしできなかったらという不安」という先入観の壁を打ち破り、発揮されるものです。自分への不安という「壁」が一切なくなった時の、「真の実力」かもしれません。

生きてきた中で、「欲」が導いた「興味」や「関心」から獲得した「知恵」や「知力」、成功もし、失敗もした経験や、日常的な反復の結果として蓄えられたすべての力が潜在能力です。

欲が強い人間ほど、多くの事に関心を持ちます。それが先入観の壁を突破（ブレークスルー）し、発揮される状態が、「その気（ゾーン）」です。

②「やる！」と決意したとき、潜在能力が後押しをしてくれる

前述したように、アスリートの試合前のインタビューを聞くと、日本人選手は「できれば多くのファンのご期待に応えたい」とか、なぜか控えめです。

しかし、海外の選手は、「これまでの練習の成果を出す」と断定口調で、力強く感じます。今はまだ小さな会社は、顕在能力だけでなく、潜在能力すべてを出し切らないと生存競争に勝つことはできません。

勝負に臨む時に、負けた時のことを考えだしたら、「心の壁」が潜在能力の発揮を邪魔します。「勝つ！」と決意することは、「心の壁」を打ち払うことになります。スポーツ選手は皆一様に勝つ要素は「フィジカル（肉体）」と「メンタル（精神）」と表現しますが、自分で自分に課した毎日の過酷な練習が「勝つ！」という自信につながり、潜在能力のすべてが後押しをしてくれることを信じているのかもしれません。

会社の中で**仕事を頼む時、「やります！」「やりたい！」という人間以外に重要な仕事を任せない方が良いでしょう。**

③「その気」を引き出すものは、自分に対する信頼

・好きな分野で高い目標に挑み、自分で自分を追い込む
・自分は必ず決意を実現できる、という自己信頼
・予期不安という先入感を打ち払う
・日頃から準備し、蓄積してきた自分の潜在能力を信じ込む
・考え過ぎは「その気」を遠ざけ、潜在能力の発揮を妨げる
・目の前の課題に、時間や我を忘れるほど集中し、「点」を作る
・すべての自意識やうまくやろうという意識を棄てる

【78】人はフィードバックを受けて自分の存在価値を確かめる

人間は、自分の存在価値を認められたとき意欲が湧きますし、期待されれば、そして褒められれば「○○もおだてりゃ木に登る」の言葉通り、明日と仕事に前向きになります。

一方、一番酷いいじめは、「無視」です。パワハラはダメですが、厳しく指導されている時はまだ、自分の存在と時によって期待を感じることができますが、無視された時は、生きる意欲さえなくしてしまうことがあります。

販売成績を日々伸ばしている者、めざましく現場作業改善を続ける者、会社の命運が懸かっている難題に懸命に取り組み悩んでいる者、日々、何事もないかのように縁の下の力持ちとして仕事をしている者。そして、失敗をして上司からもお客さまからも叱られ続けている者がいます。

確かに、誰でも昇進し給料や地位が上がることを期待しますが、それだけではありません。**いつも「私はここにいます」と無言で叫んでいるのではないでしょうか。**

そして、従業員の誰でもが、「昨日遅くまでご苦労さまでした」「お客さまも喜んでくれていたよ」と、いつも意識されていることを期待しています。

私の企業人生で、これまでいただいた最高の言葉は、「ありがとう」でした。

【79】誠実であることが、人格とすべての行動を保証する

「人は何を言ったかではなく、何をしたか」で判断されます。そして、誠実であることが、すべての「信頼」の基本です。

ところで、「信頼」と「信用」は異なります。毎日の「信用」の積み重ねが「信頼」となります。読んで字のごとしで、「信用」とは、信じて用いること。「信頼」は、信じて頼ることです。10年かけて築いた「信用」も、たとえ過失であっても、たった一度の品質事故で「やはりそうだったのか」の一言で消え去ってしまい、あとに残るのは「不信」感となります。

しかし、「信頼」は、お客さまや仲間に頼られた実績があり「あの会社に限ってそんなことはない、何かの間違いだろう」と信じていただくことも、失敗を挽回すれば新たなチャンスをいただくこともあります。

その基礎は「誠実さ」であり、人間や会社のすべての行動と人格を保証してくれます。

しかし、過失も再度続けば、あるいは隠蔽していたことが知れればおしまいです。「仏の顔も三度まで」ならぬ「お客さまの顔は、一度まで」です。

（1）時間を守る

人も会社もその思考は見えませんが、行動は見ることができます。日頃立派なことを話している人が、連絡もなく約束した時間に遅れるという行動は、「目に見える思考内容」です。約束の時間に遅れても、言い訳でその場は許されることはありますが、**時間という小さな基本すら守れない人間に、重要なことを依頼することはありません。**

①渋滞に巻き込まれても、電車が遅れても、時間を守る人がいる
②無理な注文にもかかわらず、徹夜をしてでも約束した納期を守る会社がある
③必ず、お客さまより早く現場で待機する人がいる

時間を守れない人とか会社は、お客さまを優先順位の一番に置いていないという「思考」の証明です。午前9時に現場での打ち合わせをお客さまと約束したら、「絶対にお客さまを待たせてはならない」と真剣に思えば、最悪の事態に備えて、前日からは大げさにしても30分早く現地で待機します。最悪の事態が起こらなければ、運が良かったと考えます。

時間を守るとは、お客さまが直感的に気づく「目に見える誠実さ」であり、時間に対する鈍感さとおカネに対する鈍感さは共通する、と見なされます。

毎月、決まった時間に開催する会議に連絡もなく遅れ、「忙しい」と言い訳をする人には、たとえ重要性が低い仕事でさえ、依頼することはありません。

（2）約束を守る

①自分との約束を守る

誰でも、自分を信頼してもらいたいと思っています。

では、自分で自分自身を信頼していますか？

自分に「決意」という約束を課していますか？

サム・ウォルトンは、自分自身が信頼できる人間になるために、一生を費やしました。人の本質は怠惰であり、特に、自分が決めたことに対しては、甘えが許されるため、自分との約束を果たさず、先送りし、そして忘れます。

自分との約束すら守れないのに、他人との約束を守り信頼されることは難しい。唱えるだけの「望み」と「夢」は叶いません。しかし、「決意」は自分自身との約束であり、必ず叶えなければならないものです。

②人は、何を言ったかではなく、約束を守り続けた結果「信頼」される

「会社が一方的に決めた予算の達成はムリだ。現場の意見を聞いていない」と嘆く人がいます。しかし、必ず約束した計画を達成する人がいます。

言い訳やできない理由は山ほどありますが、できない理由を考える暇がもしあるのなら、できる方法を真剣に考えることの方が民間企業に働く人間らしいと思います。

P・Fドラッカーが提唱した「目標による管理」の本質は、人は必ず「自分との約束を守る」という「人間信頼」です。そして、本人の自主性に任せることで主体性が発揮され、結果として大きな成果が得られるという、人間観、組織観に基づく考え方です。

簡潔にいうと、**「約束と結果」主義**です。

自主的に目標を決めることは、自分と会社に対する「約束」ですし、その「約束」を実現するための方法を自分で考え、「結果」で示すという思想です。

Ⅴ　組織の本質

【80】戦略は目的に従い、組織は戦略に従う

組織とは、1＋1＞2になるという「相乗効果」を生み出すことを目的に作られますが、

現実は、理想通りにはなりません。

前述しましたように、「官僚主義」が会社の貴重な時間と可能性を奪います。
・総合的な構想力と創造性を欠いた「専門分化」
・階層社会、縦割り組織に広がる「無能のカサブタ」
・責任転嫁と逃避による、集団の生産性の低下

「組織とは人が協働して成果を上げることを可能とし、強みを発揮させ、弱みを無意味なものにする」（P・F・ドラッカー）

①目的：会社が「目指す成果」の全体像を明らかにする
②戦略：成果を実現するため、ムダのない針路を示し実践する
③組織：従業員と協力者の強みの相乗効果を生み出す

【81】答えはすべて現場にある：現場主義経営

現場とは、「お客さまの要望」と「商品」が出合うところです。

製造業なら工場でお客さまの「注文」と「製品」が出合い、生活者の好みの変化を肌で感じ取れます。

小売業や飲食業なら店舗で、お客さまと商品とサービスが出合い、生活者の生活の変化を

要望という形で知ることができます。

卸売業なら物流センターで、お客さまからの注文情報と商品が出合い、小売店や飲食業の営業状況や生活者の変化をつかむことができます。

逆に、事務所の机の上には生活者の悩みも要望も利益も会社運営のヒントもありません。

（1）「破壊と創造」の現場主義

織田信長は桶狭間（田楽狭間）の戦いにおいて、部下の信頼できる情報で戦略を立て、大軍の今川軍勢をわずか3000人の兵力で打ち破り、時間と戦力のムダを略しました。

治世においては、産物や商品の流通を妨げる寺・神社の「既得権益」化した関所を廃止し、道路を整備し、「楽市楽座」による商工業者の自由な活動を通じて、経済基盤を固めました。

兵士の持つ槍を長く改良して攻撃力を高め、兵農分離で、農閑期に限らず、いつでも戦える体制を整えました。

人材面では、氏素性にかかわらず「考える部下」を登用し、自己変革が乏しい武将を排除しました。

また、茶の湯を広めて陶芸品の美術価値を高め、限られた領地に代えて報奨としました。

すべて、それまで「当たり前」「常識」とされていた「既成の価値観」や「既得権益」を破壊し、新たな「原則とルール」を創造し、まさに「破壊と創造」の人生を送りました。

しかし、信長が素晴らしいのは、優等生のように城の中にこもって、机上や頭の中だけで考えるのではなく、いつかは戦場となる山野を駆け巡り、すべて自分の目で事実を確かめたことです。そして、その事実の背後にある「物事の本質」を突き詰め、誰もが気づきもしないような独自の「原則とルール」を創り上げました。


信長の現場での探求心に関する逸話が残されていますので、ご紹介します。

ある池に大蛇が出て村人が困っていると聞いて、信長は、すぐさま現地で村人総がかりの人海戦術で池の水を汲み出し、自らが脇差を口にくわえてふんどし一丁で池に飛び込み、大蛇を探しましたが、見つからず、村人の不安を自らが打ち消しました。

すべて自分の目で確かめなければ気がすまない、彼の現場・現実主義の徹底度が分かります。実《まこと》しやかな情報や「常識」や前例を信じることなく、現場で現実を確認することで、「物事の本質」をつかみ「真の原因」を探し解決することによって、「新たな原則による仕組み」を作り上げました。**「しかたない」で済まさない信長の性格が、すべての「破壊と創造」の原点です。**

（2）仕組み作りの基本

ビジネスモデルという最近流行りのカタカナ英語がありますが、日本語で言えば「儲ける仕組み」です。そして「仕組み」とは、どこにでもいるような人たちが誰にもできないことを実現するために作りますが、常にお客さまの変化に先だって改良する必要があります。絶えず創意工夫をすることによって、仕組みは変化し続けなければなりません。ビジネスモデルが古くなるというのは、変化を先取りした創意工夫がなされなかった、ということです。

仕組み＝平準化＋単純化＋標準化＋専門化＋創意工夫

（3）同じ失敗が重なるのは、「仕組み」「組織」とに「真因」がある

「品質不良」が出ると、すぐ犯人探しをしがちです。

また、お客さまから「苦情」が寄せられたときも、すぐ犯人探しをしがちです。

しかし、犯罪人を何人摘発しても、会社は変わることはありません。

「事件は現場で起きている」「ヒトが悪いのではない。組織と仕組みに問題がある」と仮説を立てて、「真因」を現場でくまなく探し、改善しないことには、再び忘れた頃に同じ失敗を重ね、お客さまの「信用」を失います。

「真因」は必ず現場にありますし、仕組みの改善策も現場の従業員がもっています。**現場を知ろうとする経営者だけに、お客さまの声と従業員の知恵が集まります。**

【82】成功とは、多くの人に支えられ実現できている状態

（1）階段を一段ずつしっかりと登る

宝くじに当たったような根拠のない成功はすぐに忘れ、基本の徹底と質素倹約の謙虚な毎日に戻らなければ衰亡の種子が芽生えます。

しかし、考え抜き、苦労して実現した成功の自信と、チャンスをつかまえて苦心して作り上げた過程（プロセス）は、棄てる必要はありません。**その努力の中に、必ず次の成功につながるヒントとなる原則が隠されているからです。**

経営は、階段に似ています。一段ずつ着実に上り、次の階にたどりつきます。

「今はまだ小さな会社」であれば、次の階はお客さまがお客さまを紹介してくれる会社、従業員がお客さまと仲間を連れてくる会社、つまり、自己増殖する会社です。昔「三歩進んで二歩下がる。人生はワンツーパンチ……」という歌がありましたが、経営の階段は、一段上がったら下がってはなりません。とにかく踏みこたえること。そして、明日の準備を怠らず、力をつけチャンスをつかみ、さらに一段上らなければなりません。

（2）「失敗」と「成功」は、明日のための貴重な実験

失敗に理由があるように、成功にも必ず理由があります。

往々にして、成功は「良かった、良かった。今年はボーナスを奮発しよう」でおしまいではないでしょうか。

一方、失敗の反省は延々と続き、最後は犯人捜しで終わります。

失敗の真因をつかみ潰すこと、成功の真因をつかみ伸ばすことは、経営という人と時間とカネを懸けた実験の分析であり、明日の準備です。

お客さまの要望への対応、計画の精度、品質管理状況、人材の配分、熱意と一体感など、成功に携わった従業員全員で喜びと成功に至った根拠を分かち合うことが、貴重な実験の分析です。

【83】考え抜かれた結論は、いつもシンプルで美しい

（1）難しいことを簡単に、簡単なことをやり続ける

前述した「誰がお客さまか」という質問に、「従業員は誰か」をつけ加えて下さい。

労働人口の平均年齢は46歳（人口動態調査より）、自分の会社はもっと若くしたいといっ

ても、それはわがままというものです。

大きな会社は年齢ピラミッドを維持し、新しい風土を形成するために新卒採用に懸命になり、学生時代に社会に通用する力量を十分身につけたかどうか不安な学生は、就活に懸命になっています。

しかし、日本のもつ貴重な経営資源である人の年齢構成を素直に受け入れ、あるいはその特徴を活かすことの方が、はるかに現実味があります。

また、46歳は平均年齢であり、年齢層は10代から60歳代、雇用延長や再雇用が必要な現代ですから、70歳代までまたがるかもしれません。つまり、**46歳の方々を中心としての従業員の方々に、いかに理解しやすい言葉と仕組みで会社を経営するかです**。

経営には、まず真っ先に従業員にファンになっていただくための説得が必要です。

従業員は納得しなければ本気で働けませんし、関心のないことや難しい話は、「聞きたくないから聞いていない」、もしくは「聞いていても理解できない」かもしれません。「外野席で何を叫んでも誰も聞いていない」し、まして受け売りの話やカタカナ英語は、理解できないかもしれません。

まずは「**考える言葉の統一**」が必要であると共に、関心が持てる内容を「分かりやすくシンプルで簡単に」伝える努力が必要です。「子育てを終えた男女」が私たちの貴重な戦力です。**考え抜かれた想いと言葉は、シンプルで分かりやすく美しく、説得力があります。**

（2）話の分かりにくい人がいる

さまざまな人の話を聞く機会があります。また会議でもいろいろな方の発言を聞く機会がありますが、話されている内容を理解できないのは私の理解力が不足しているからかもしれませんが、話の分かりにくい人には、以下の共通点があります。

①話す本人自身が、自分で話す内容を理解していない、整理しきれていない
②わざと分かりにくくなるように話している
③あたかも権威があるように、難しい言葉を使って話している

物事の本質は常にシンプルであり、**人を説得するために考え抜かれた言葉は、いつもシンプルで美しくなります。**

【84】食べたくない教育を無理強いすることは「おせっかい」

雇用の流動化がますます進めば、その会社固有の知識や技術や技能を除き、学んだ知識や得た知恵は、個人のスキルというカバンに詰めて、新たな会社に自由に持ち運べるようになります。社会に通用する力量を身につけるのは従業員の自己責任です。

これからは、優秀なスキルをもった人材を他社から獲得することが容易になりますが、反面、自社の優秀な人材が流出する恐れがあります。最終的には、自分が会社にとってなくてはならない存在であると本人が思っているか、会社が、その人材をなくてはならない人材として接しているかです。

「教育（education）」とは、「考える従業員」を育てるために、持っている潜在能力や深い思考能力を引き出す（educate）ことが目的であり、社会に通用するために自発的に学びたいと思う従業員以外に、無理強いするものではありません。

また、「訓練（training）」とは、会社に働くために必要とされる技能や、基礎知識を習得させることが目的です。会社で働くために必要な力量を身につけることは、働く者として当然の義務です。

（1）会社が必要とするのは鴨かアヒル（家鴨）か？

アヒル（家鴨）は、野生の真鴨を家禽化するうちに、体が大きく重くなり、翼は小さくなって数メートルしか飛ぶことができなくなりました。真鴨と比較して従順で飛ばないことから飼育が容易で、世界中で幅広く飼育されています。

鴨は、中型から大型の水鳥で、湖沼や沿岸部に棲み、渡りをしますが、一部は一年を通じて一カ所に留まることもあります。鴨は元来が渡り鳥ですから、自分の意思で自由に飛び立ちますから、飼育には向いていません。

さて、比較して申し訳ありませんが、あなたの会社の従業員の皆さまは、「鴨タイプ」ですか、それとも「アヒル（家鴨）タイプ」ですか？

ホンダ技研の創始者、本田宗一郎は、「鴨のタイプ」に違いありません。興味を持った科目以外学校の勉強が嫌いで、窮屈な学校を嫌い、成績も良くはありませんでした。おそらく、画一的な教育を目指す教師には、従順なアヒルの方が育てやすかったでしょう。

（2）先祖返りしたアヒル、「考える従業員」が必要な時代

これまでの日本は、「後発の特権」を利用して、優れた国や会社の秀でた知識や技術を学び、日本人固有の特質である意工夫によって改良し、「通商・技術立国」を築き上げてきました。

しかし、これからは人口が半減に向かい、世界一の超高齢社会という「後発の特権」が使えない、誰もが経験したことのない社会を迎えます。

過去の前提条件のすべてが破壊され、新たな「常識」を創り直さなければならない時代になりました。

会社の経営者の方は、自分の意思で考え飛び立つ「鴨のタイプ」であると思いますが、従業員のすべてが「鴨のタイプ」であったら、収拾がつきません。

反対に「アヒルのタイプ」ばかりであったら、お客さまの変化が招く市場の変化についていけないかもしれません。

経営者1人が躍起になっても、情報社会の変化は速く、常にそれ以上にスピードある意思決定が求められます。一刻も早く、自分の意思で「考えることができる従業員」を育てる必要があります。

従順さを求める「訓練」ではなく、本当の「教育（潜在能力を引き出す）」が必要です。

もし、あなたの会社の従業員の方々に「アヒル」が多ければ、**「鴨」に先祖返りさせる「教育」**が必要となります。

【85】組織と仕組みが悪いから官僚主義になる

現代のように変化が激しく、社会やお客さまからの要求が複雑化・多様化すると、仕事においても、高度な知識と経験、最新の知識と技能が求められます。大企業や公共サービスにおいては、組織人は専門家になることが求められ、他部門が何をしているのか、自分の仕事の前工程や後工程が何をしているのか、事業の全体像が見えなくなります。

多くの問題は、組織横断的、あるいは組織間の連携の中で起きていますが、各自は、自部門と自分を守ることに懸命になります。

総合的な視野のない行き過ぎた専門分化は、硬直した組織の特徴であり、変化に対応する力、変化を活用する力と、創造的な時間を失うことになります。

階層組織のもつ宿命は、「官僚主義」です。働く従業員は、専門分化された仕事に懸命に取り組んでいますが、**総合的な視野や責任を持つことができず、構想力と創造力を失ってしまいます。「象をなでる」状況です。**

「今はまだ小さな会社」の「後発の特権」は、「エエトコ取り」と「先人の轍を踏まない」ことです。官僚組織のもつ宿命を乗り越えて会社組織を作り変え、時間のムダをなくし、お客さまの顔をしっかりと見たいものです。

【86】総労働時間の短縮は、会社と従業員の生活を豊かにする

「週休2日」「年間総労働時間が2000時間を切ること」が、働く「常識」となりました。

「週休2日」「1日実労働時間8時間」「有給休暇20日取得」と設定すると、うるう年以外の年間総労働時間は、1928時間です。当然（できれば）有給休暇を100％取得すると仮定しましたが、世界はさらに労働時間短縮が進んでいます。

売上も利益も総労働時間も、目標から逆算した時、初めてさまざまな知恵が浮かびます。次の考えは、あくまでも現状を工夫すれば実現が可能です。

①目的：総労働時間の短縮を会社と従業員の活力にする
②目標：年間総労働時間を1900時間にする（残業は当てにしない）
「（1日の実労働時間7時間45分）×（年間365日－休日休暇104日－有給休暇16日）
≒年間総労働時間1900時間
③戦略：働き方を変える⇓1カ月単位の変形労働時間制、フレックスタイム制
④戦術：休暇制度を競争力と魅力あるものにする
⑤四季に応じた1週間の長期休暇
⑥有給休暇取得率80％以上

年間総労働時間の短縮は、会社の魅力と従業員の能力の向上の競争力になります。もはや、

休日休暇日数が「常識」ではなく、これからの人口減少・超高齢社会においては、**年間総労働時間と人時生産性（1時間当たり付加価値）**が「常識」となります。「もっと儲けた時に考える」などと言って先送りできない、会社の価値に関わる重要な課題です。

【87】共有した情報が、現場と会社を変える

（1）寄らしむべし、知らしむべからずでは人は動かない

「うちの会社の人間は危機感が足りない」と嘆く経営者の方がいます。経営数値の推移を知り、厳しい競争の中で、売上高も営業利益も低下している状況を知りながら、何もせずに指をくわえて見ているような管理職や従業員がいるとしたら、危機感が乏しいと思います。

しかし、そのような会社に限って、社長の給料を知られるから困るとか、税理士に任せきりで、説明できるほど月次決算書を分析していないことから、財務数値は秘密事項（本来は機密事項です）とされています。

「寄らしむべし、知らしむべからず」とは官僚用語ですが、国民は、国政に関心を持たせるべきであるが、詳しいことを知らせる必要はないという認識であり、今も生きている、閉鎖された組織の「常識」です。

しかし、「今はまだ小さな会社」は違います。会社の経営数値は、脳にとって国籍と方言

を超えた共通言語です。**これから「考える部下」を育てなくてはならない時期に、会社の実情を誰も数値で話せないなら、先行きは不安です。**

（2）機密の公開は、会社の体質を変える

「考える部下」の候補者を信頼して、過去3年間の数値を、機密事項として公開することをお勧めします。

損益計算書や貸借対照表やキャッシュフロー計算書をコピーして渡すのもよいですが、今期分を昨年と対比し、売上高構成比も記載して、経営者自らが財務諸表を要約したものの方が良いでしょう。

①月次営業収益（売上高）の推移
②月次粗利益額（率）の推移
③月次営業利益額（率）の推移

そして、毎月月次決算のすぐあとの決まった日に、「経営会議」を開き一緒になって自分の会社の問題や改善すべき課題を発見し、対策と目標を設定し、責任を分担します。さらに、その対策の効果を、翌月の「経営会議」で数値の変化を見ながら、行動が確実に数値となって現れているかどうかを確認します。

もし、数値が変化していれば、参加者は手応えを感じることができます。そしてその後、原因や効果をもっと突き詰めたいという機運が高まってきたら、財務三表を詳細に分析します。

・「考える部下」にとって、信頼されることが自信と誇りと実践につながります。

・数字は、決意と責任と勇気を示す「確かな約束」です。

Ⅵ　経営者の本質

【88】経営者は、自分という強敵と戦う孤独なアスリート

「決意」とは、自分が自分と会社に課した、永遠の課題です。

サム・ウォルトンの決意は、「世界で最良の店を作る」でした。

陸上１００ｍ走の現在の世界記録は、９・５８秒です。アスリートは、誰と戦っているのでしょうか。ライバルと戦っているのでしょうか。

経営者は、誰と戦っているのでしょうか。ライバル企業でしょうか。それともお客さまでしょうか。

「決意」を立てた「自分自身」を、信頼できる自分にするために戦っているのです。

【89】毎日夢を語れる友が1人いれば、「ロマン」を目指せる

名経営者には必ず、相棒がいます。いつも仲良く未来を語ったなどとは思いませんが、苦境に立たされた時、意思決定に悩んだ時、きっと相棒と語り合ったと思います。

トヨタの豊田喜一郎には、石田退三や大野耐一がいました。

ソニーの井深大には、盛田昭夫がいました。

本田技研の本田宗一郎には、藤沢武夫がいました。

経営者は、すべてが「自己責任」「自助努力」であることを覚悟した、孤独なアスリートです。多くの従業員とその家族のために、「逃避」も「依存」もできません。まして「先送り」は、今起こってもいない危機まで招きます。会社、従業員と家族、お客さまの信頼のために責任を感じて悩んだとき、背中を押すどころか、蹴っ飛ばし合ったに違いありません。

本田宗一郎と藤沢武夫が一緒に社長と副社長を退任したときの会話です。

本田「まああだな」

藤沢「そう、まあまあさ」

本田「幸せだったな」

藤沢「本当に幸せでした。心からお礼を言います」
本田「おれも礼を言うよ。良い人生だったな」

【90】好かれる努力をするくらいなら、嫌われたままでかまわない

リーダーシップは「美」と「健康」と同じで、永遠のテーマなのでしょうか、実に多くの書物が出版されています。

専門書のような理論的な根拠はありませんが、これまでの実感としては、リーダーの資質は、「強さ」「優しさ」「厳しさ」です。

・「強さ」：信念や決意の強さ
・「優しさ」：互いに人間として尊重する
・「厳しさ」：決めたことを自ら守る、守らせる

確かに「優しさ」は、人に愛されリーダーシップがあると勘違いしますが、それは一時的なものです。なぜなら、愛するボールは、相手にあります。つまり、受け身です。そんなものを当てにして自分らしさを忘れては、迎合主義に陥ります。

ですから、「優しさ」だけではリーダーは務まりません。「強さ」と「厳しさ」が必要です。

そして、**だれよりも少し多く考え、少し早く動くことです。**

【91】本当に好きな人や良い商品は、直感が教えてくれる

初対面なのに、この人と良い友達になれそうだと思うことがあります。反対に、この人とは一緒に仕事をしたくないな、と思うことがあります。

商品を開発している時、「この商品は地味だけどなんとなく売れそうな気がする」ということがあります。理由を聞かれても答えられません。直感には言葉がありませんから、「なんとなく」です。

直感とは、おそらく生まれてきてからこれまでの「良かった記憶」と「失敗した記憶」から生み出されてくるものではないかと思います。

第六感という直感は、人類が危険なモノ、安全なモノを見分ける機能として身につけてきたものではないでしょうか。

フグを食べた祖先、毒キノコを食べてしびれて苦しんだ祖先、ウニを食べた祖先からの贈り物のような気がします。

【92】転んだことより、すぐ起き上がらないことが恥ずかしい

人生を懸けるようなチャレンジでも、従業員と家族に致命的な迷惑をかけないなら、そし

てやり直しが効くなら、「失敗は実験」と割り切りましょう。

エジソンは「数々の失敗をした」と記者から言われた時、よほど負け惜しみが強いのか、「私は失敗したことは一度もない、たくさんの実験をしてきただけだ」と達観していました。

そして世の中を変えました。


思わぬ失敗をして、ふと、自分の「決意」に自信を失うことがあります。

しかし、たとえ最初はふとした思いつきであったとしても、先送りせずに考えに考え抜いて、尊敬する師と仰ぐ人にも、良き友にも相談をし、自分で決めた「決意」です。最悪の事態を考えても、生命まで取られません。

大半の失敗は、「できない」と思った瞬間にできなくなる。反対に「できる」と決めた時、できない理由は思いつかなくなり、長年、一緒に暮らした潜在能力が力を貸してくれます。


「私は失敗したことがありません。なぜなら諦めが悪いからです」

・転んだことが恥ずかしいのではない。転んだ言い訳をすることが恥ずかしい
・転んだことが恥ずかしいのではない。諦めて起き上がらないことが恥ずかしい
・転んだことが恥ずかしいのではない。何もつかまずに起き上ることが恥ずかしい
・死んだと思えばおまけの人生、失敗くらいでクヨクヨするな！

諦めるまで決して失敗ではないと、多くの先人が証明してくれています。

【93】常に計算された健全な混沌（カオス）を起こす

人は心理的に不安を恐れ、どうしても安定思考を持ちます。従業員だけでなく経営者も、安住の地を求める傾向は否定できません。「もうここまで来たのだから」と思った時に、新しいチャンスにも致命的な問題にも、気がつかなくなります。**安住思考から生まれる怠惰は、常に会社経営や人生の敵です。**

そこで経営者は、現場の中で目標に到達するスピードを速め、異なった角度から新しい問題提起を行い、自分や従業員の安住思考を打ち砕き続けなければなりません。好調な商品は陳腐化するのが速いし、美味しいものほどすぐ飽きます。お客さま以上の変化がなければ、すぐ飽きられてしまいますし、お客さまの満足感は、変化の中に存在します。

売れだした時が商品改良の時期、サービスも支持されだしたら、新しいサービスを開発します。他企業や多店舗の優れた事例を見つけ、「エエトコ取り」をし、その仕組みと原則をさらに改善し、常に健全なカオス（混沌）を生み出し続けなければなりません。いつも不満足で飽きっぽい、もっとも手ごわいお客さまの存在を忘れず、**最良を追い求める続ける姿勢こそが、計画的で健全な混沌（カオス）につながるのです。**

【94】鳥は逆風に舞い上がる。ヨットは向かい風に舵を切る

飛行機も鳥も、風に向かって飛び立ちます。風に向かえば揚力が強く働くからです。ヨットの操舵も、風に向かう方が緊張感もあり、風を計算して安定して舵が切れますが、追い風は、風のなすままになってしまい、不安定になります。

会社の経営でも、逆境の時は懸命に難局を乗り越えようと全員一丸となって知恵を絞り、考えつく限りのチャレンジを行い最悪の事態に備えますが、好調な時は緊張感も薄れ、大切なことを先送りし、チャンスにも、そしてピンチにも気づかずに過ごしてしまいがちになります。

また、追い風に乗っている時は、景気の変動に左右され不安定になり、こんなはずではなかったと思うのは、追い風の時です。

いつも向かい風のつもりで、緊張感をもって経営をする。**追い風は他律的であり、向かい風は自律的です。**

【95】決意に大義があれば、行ったことすべてが正当化される

人は、不純な動機ほど一生懸命になりやすいのですが、動機が不純であれば、どのような

行いも正当化できません。

しかし、**決意が「大義」に基づくものである限り、その実現に費やしたほとんどの行いは、正当化できます**。

新商品の開発のため毎日深夜遅くまで働き、36協定も超過して、従業員に大変な苦労を強いたけれど、みんなの懸命な努力の甲斐あって、お客さまの要望に応えることができる商品が完成した。その新製品を購入されたお客さまから、「こんな商品が欲しかった」と言っていただければ、これまでの苦労も報われ、全員が達成感を味わうことができます。

【96】長期的・根元的・多面的に考えれば、負けることはない

「敵を知り己を知らば百戦危うからず（孫子）」。お客さまやライバルを知り、現在の自分の実力を認識していれば、どんな困難な戦いであっても負けることはありません。

よく、「勝つため」に孫子の兵法を引用される方がいますが、孫子の兵法は「負けないこと」にあります。「勝つこと」より、「負けない限り」対等に戦うチャンスが生まれ、時には相手が自滅することも考えられます。

経営には、ファインプレーは存在しません。**あらゆる場合を長期的・根元的・多面的に予**

習して万一に備えておけば、ファインプレーは決して目立ちません。

①長期的：いま小さな問題ですが、明日になれば取り返しがつかないような問題に発展するかもしれません。逆に、今は大変な問題ですが、明日になれば何事もなかったかのように解決してしまう問題かもしれません。たとえ今小さな問題であっても長期的に拡大する問題であれば、今すぐ解決してしまいます。

②根元的：問題には、必ず真因があります。表面的には安定した経営を行っているように見えても、実は、予測ミスによる過剰在庫を抱え、処分が遅れ、来月の支払いすらできないかもしれません。表面的な判断は避け、いつも最悪の事態を予習しておく必要がありま す。

③多面的：「三方善」という商売の基本が実現できていない限り、いつかは大きな問題につながります。お客さまにとっては喜んでいただけますが、仕入先、従業員に過度な負担を強いてはいないでしょうか？

【97】運は「自助努力と自己責任」からしか生まれない

運に関する考えをまとめてみました。思い当たることがあれば幸いです。

・運があるとは、最悪の事態を想定しながら最悪に至らないこと
・運をつかむとは、最悪を覚悟しながら、予想していないチャンスに出合うこと
・運は、拾うものではなく作るもの。運は、待つものでなく探すもの
・運は、周到な準備と諦めの悪さに訪れる
・運は、努力である。人が気づかないことに目を凝らし、準備をした者に訪れる
・運は、怖い。たまたまつかんだ運を、実力と思ってしまう
・幸運を、自分の実力と過信しなかった者だけが生き残っている

【98】当たり前のことが当たり前にできる会社は、当たり前ではない

よく、差別化という言葉が使われます。商品の差別化、企業ブランド戦略などのように、ライバル企業に対する競争優位性をいかに作るか、という書物が多く販売されています。でも、そんなに技術として実現できるものか、疑問です。

前述の「『ゼロ』を『∞（無限）』に換えた冒険者たち」でご紹介した企業に、差別化しようという意識は感じられません。むしろ、「特異と得意」にこだわり、コツコツと、地味な感じがします。

・ウォルマートの店内は、整然として清潔・簡素である。

・トヨタは品質にこだわり、「適時・適品・適量」でムダを排除している。
・アップルはミニマム化（最小化）とデザインにこだわっている。

ご紹介したロングセラー商品も、派手さはなく、コツコツと変わらない信頼のために進化し続けています。

ただ、すべての企業に共通していることは、**「品質」に対するこだわりと継続性です。**

当たり前のことが当たり前にできることは、当たり前ではありません。**長年の当たり前の積み重ねが、誰にもマネができない競争力になります。**

〈愛する会社に無限のいのちを〉

【99】この世には、人生を懸けるに値する役割がある

経営者という役割は、孤独です。良き先生や良き友、相棒がいても、最終的にはすべてが「自己責任」であり、「自助努力」によってしか何事も解決できません。そして、一緒に働く従業員とその家族の生活を守ることはできません。

会社を存続させ成長させるには、適正で計画的な利益が必要です。変化する社会とお客さまの生活に目を凝らし、「決意」と針路を何度も確かめながら、着実に階段を一段ずつ上がってゆかねばなりません。

自分が立てた「決意」に対して、その実現のための努力は、「自分に嘘をつかない」「自分を信頼できる自分にする」道筋です。たとえ「今はまだ小さな会社」であっても、志は誰にも負けたくはないし、守るべきものは守りたい。

この世の中には、経営者という、人生を懸けるに値する役割があります。

【100】小さいけれど逞しい会社が進化を遂げる

日本の優れた老舗は、事業の継承を「存続と成長」のための「世代間の進化」として活かしてきました。優秀な跡取りがいない場合でも、優れた従業員を養子として迎え、「家と事業家精神」を存続・成長させてきました。

事業の継承は、「駅伝競走」のように「想いのタスキ」をつなぎ、「4×100mリレー」のように最高速度でバトンを渡すことです。

「今はまだ小さな会社」は、「見えざる資産」と「眠らせている知恵」の宝庫です。後継者は、「新しい価値観」による進化の担い手です。「今はまだ小さな会社」は、負の遺産も少ない。優秀な企業の先進事例と失敗から学び、常に、現場の事実と向き合い、保有する知恵と資産を新たに組み合わせ、新しい会社を発明できます。

人口減少と超高齢社会で、大きな会社がサンクコスト（隠れた負の遺産）処理とスクラップ&ビルドに明け暮れているなか、「逞しい小さな会社」に進化するチャンスです。

【101】「ロマン」という球根を遺す

「決意」を抱いた時から、経営者という人生は始まります。

ないない尽くしの中で、「ゼロ」から「∞（無限）」を目指して事業基盤を作り、「考える人材」を育て、お客さまの顔と生活を見つめながら、その悩みに共鳴し、期待に応えていきます。そして、「信頼」という「目に見えない資産」の蓄積ができます。

しかし、熱い炎を20年30年といつまでも燃やし続けられる道理はありません。「決意」は、未だ発芽していない「ロマン」という球根です。

桜の開花時期は、蕾ができてから決まるのではありません。落葉の時期に開花のスイッチが入ります。枯葉が残っている限り、花は咲きません。

人間の価値は、「この世界と社会に何を遺したか、何を変えることができたか」にあります。なるほど、怠惰に過ごす人生もあります。好き好んで苦難の道を選ぶ必要もなかったかもしれません。

しかし、生きた証は残したい。会社とは、経営者にとって「生きた」という証拠であり、「従業員とその家族を守り切った」という達成感が経営者に対する褒美です。それ以上を望むべくもありません。

あとがき

ルネサンスを代表するレオナルド・ダ・ヴィンチは「最後の晩餐」や「モナ・リザ」という作品、人体解剖図、眼球の研究による光と眼鏡の原理の解明、ヘリコプター・戦車・自動車の構想、太陽エネルギーや計算機の理論など、実質的な活動時間40年という歳月の中でさまざまな遺産を遺しました。

正当な教育を受けることもなく、15歳のころ画家の見習いとしてボッティチェッリ（作品として「ヴィーナスの誕生」）と共に学んだといわれています。

彼は後世「天才」「万能人」と評価されていますが、「モナ・リザ」を描きたいという「総合的」な構想を抱いた時から、その実現のために信じられないほど広い視野を持ち、遠近法などの手法に気づき、常人では及びもつかないスピードで実用化し、数々の専門的な知識を実践する中から「普遍的な本質」を見つけ、それらを統合して「普遍的な作品と学問」を創り出したと思います。彼に一番ふさわしい尊称は、天才でも万能人でもなく「普遍人」です。

私たちの「今はまだ小さな会社」の経営も同じです。「想い（ロマン）」という人生における「総合的な目標」を決意した時から、それを実現するための旅が始まります。

商品とお客さまが出合う現場で毎日起きるさまざまな問題や、会社を強くするための課題に正面から向き合い、決して先送りすることなく、物事の本質を見つめ、知識を実践によって知恵に換え、「専門的な解決能力」を高めてゆきます。

発明の大半は、今あるモノの新しい組み合わせ、あるいは、今あるモノの絶え間ないカイゼン結果です。「後発の特権」は、先んじている企業の優れた取り組みから本質を盗み、改善することができます。そして、私たちには、ネズミのような「スピード」という武器があります。


ホンダの創業者本田宗一郎は、高等小学校卒業後、東京の自動車修理工場に丁稚奉公し、自動車に対する「想い（ロマン）」を追求し続け、「夢を力に」、相棒である藤沢武夫と共に、わずか25年間で、スピードと安全と環境のすべてを満たすモビリティ（動くもの）を創造し、会社の基盤と脈々と受け継がれる遺伝子を創り上げました。

生きる時間の長短はありますが、１日の時間は物理的に長短はありません。時間は使い方次第で密度と重量が生まれ、ないない尽くしの「今はまだ小さな会社」でも、「進化」と競争の武器とすることができます。情報と知識の林に迷い込むことなく「知識は必要な時に必要なだけ実践で知恵に換えればよい」と信じて進んでいただきたいと思います。

方丈記の一節の「ゆく河の流れは絶えずして、しかももとの水にあらず。淀みに浮ぶうたかたは、かつ消え、かつ結びて、久しくとどまりたるためしなし」。

この河の水を時間に置き換えて経営を考えてみますと、「世の中はいつもと変わらないように見えていながら、間違いなく今日は昨日までとは異なっている。築き上げた会社、苦楽を共にした従業員は年齢を重ね、商品や仕組みは陳腐化し、競争力を失い、設備は老朽化する。社会が変わり、お客さまの生活が変わる。そして要望は常に昨日より高度になる。

私たちはただ時間に流されてしまうことなく、自分の会社が存在する価値を確かめながら、常に事実の背後にある本質を見抜き、お客さまからの変わらぬ信頼のため、変わり続けてゆこう」となるでしょう。

ダーウィンは、数々の生命が生まれては消える淘汰の中で、生き残る力の名前を教えてくれました。その名は「進化」です。

「ゼロ」を「∞（無限）」に換えた冒険者たちが、会社の永続の本質を教えてくれました。それは「想い（ロマン）」という決意を実現するという自分との「約束」と「時間の力」です。

実業の世界に入って40年、変化に富んだ特異な人生を歩んできました。

小売業と卸売業と通販業と製造業、労働組合と経営、受注商売と見込商売。そもそも漁師の孫ですから、残る未経験な分野は飲食業と農林業だけです。

拙い経験を活かして書籍を出版したいと決意したのは、「今はまだ小さな会社」のまじめな経営者ほど、生涯かかっても学びきれないような情報と専門知識に囚われ、溺れ、貴重な時間をムダにしている現実を、皆さまと一緒になって変えたいと思ったからです。

そのことを日本経営合理化協会作間信司専務理事にご相談したとき、ご紹介いただいたのが出版コーディネーターの吉田浩さん（株式会社天才工場代表）、出版を引き受けてくださったのが合同フォレスト株式会社山中洋二取締役事業本部長、なまりのある文章を修正指導していただいたのは上村雅代さんです。

まったくの専門外の私が、書籍を執筆するという人生など想像したことがありませんでしたが、人のつながりの不思議さに驚き、ご指導いただいた皆さまに心より感謝申し上げます。

2017年11月

大西　肇

■著者紹介

大西　肇（おおにし　はじめ）
株式会社ブレーメン再健本舗代表取締役

1952年、三重県伊勢市生まれ。

1975年、関西大学経済学部卒業。

同年、ジャスコ株式会社（現イオン株式会社）に入社。

人事本部、新店開設などを務めた後、ジャスコ（イオン）労働組合連合会書記長として、グループ全体の共通福祉を実現。

その後、店長、店舗開発責任者、マルチメディア事業開発などを担当。

チェルト株式会社（現イオンディライト株式会社）常務取締役としてJASDAQ店頭登録を実現し、退社。

2007年、株式会社組織開発総合研究所主席コンサルタントとして企業再建を担当。

卸売業、製造業、通販業の経営に携わったスペシャリスト。

元ロゼット株式会社取締役社長
元株式会社山田養蜂場取締役総務担当
元株式会社サプリメントジャパン取締役社長

企画協力　　株式会社天才工場　代表取締役　吉田　浩
編集協力　　上村　雅代
組　　版　　高橋　文也
装　　幀　　株式会社クリエイティブ・コンセプト
校　　正　　光成　三生

「今はまだ小さな会社」が進化するための 101 の手がかり

2017 年 12 月 10 日　第 1 刷発行
著　者　　大西　肇
発行者　　山中　洋二
発　行　　合同フォレスト株式会社
郵便番号　101-0051
東京都千代田区神田神保町 1-44
電話　03（3291）5200 ／ FAX　03（3294）3509
振替　00170-4-324578
URL　http://www.godo-shuppan.co.jp/forest
発　売　　合同出版株式会社
郵便番号　101-0051
東京都千代田区神田神保町 1-44
電話　03（3294）3506 ／ FAX　03（3294）3509
印刷・製本　株式会社シナノ

ISBN 978-4-7726-6100-3　NDC336　188 × 130